PROFESSION D'AVOCAT

Mode d'accès sans discrimination et non-respect du principe de la réciprocité (France, Suisse et R.D. Congo)

Ange SANKIEME LUSANGA

PROFESSION D'AVOCAT

Mode d'accès sans discrimination et non-respect du principe de la réciprocité (France, Suisse et R.D. Congo)

Préface de Léon Matangila Musadila

L'Harmattan

Du même auteur

- L'essentiel sur les droits humains et les libertés droit comparé éd.Globethics.net, Genève 2025

- IMMIGRATION ET NATIONALITÉ Droit français helvétique et congolais (RD Congo) à la lumière du droit international, éd. Harmattan, Paris 2023

- Manuel de droit international humanitaire, éd. Harmattan, Paris 2022

- Esquisse sur l'émergence d'une nationalité et citoyenneté transnationale face aux concepts traditionnels: Etude des droits africain, congolais, européen et suisse, éd. Stampfli, Berne 2014

- Ethique de la migration: La valeur de la justice comme base pour une migration dans l'Union Européenne et la Suisse, éd.Globethics.net, Genève 2011

- La problématique de la migration et de l'asile: étude des textes bibliques, des documents de l'Église et des instruments juridiques internationaux, éd. Universitaire, Fribourg 2006

- Les quatre vertus cardinales au service de l'amour d'amitié, Fribourg 1994

5-7, rue de l'École-Polytechnique; 75005 Paris

www.editions-harmattan.fr

ISBN : 978-2-336-55878-3
EAN : 9782336558783

Préface

Il m'est agréable de répondre à la demande surprise de Sankiame Lusanga Ange de préfacer son ouvrage qui a pour pierre de touche Profession d'avocat : mode d'accès sans discrimination et non-respect du principe de la réciprocité (France, Suisse et République Démocratique du Congo).

En effet, les conditions d'accès à la profession d'avocat et la discrimination quant à la question de la réciprocité pour son exercice entre certains Etats constituent la raison majeure qui a conduit Sankieme Lusanga Ange à mobiliser les énergies pour une étude comparative entre la France, la Suisse et la République Démocratique du Congo, apparemment trois pays de prédilection comme le démontrent ses recherches antérieures.

Comme le précise l'auteur, « La profession d'avocat incarne à la fois la rigueur juridique et l'engagement envers la justice.

Elle est le pilier fondamental de la défense des droits et libertés, jouant un rôle essentiel dans le fonctionnement des systèmes judiciaires à travers le monde. Cependant, l'accès à cette profession prestigieuse varie selon les pays, chacun imposant des exigences spécifiques en matière de formation, de certification et de déontologie ».

L'objectif de ces pages notamment, comme le précise l'auteur, « Ces lignes visent à éclairer sur les spécificités du mode d'accès à la profession d'avocat en France, Suisse et en République Démocratique du Congo. Il sera question aussi de parler du non-respect du principe de réciprocité dans l'exercice de la profession d'avocat.

La réciprocité entre les Etats dans l'exercice de la profession d'avocat repose sur des accords bilatéraux ou multilatéraux permettant aux avocats d'un pays d'exercer dans un autre sous certaines conditions.

Mais, il arrive par moment que cela ne soit pas respecté pour les avocats venant d'Afrique malgré le fait qu'ils aient rempli les conditions d'accès dans les pays européens ».

Les questionnements soulevés par l'auteur sont notamment ceux de savoir comment et sous quelles conditions un avocat français et/ou suisse peut-il exercer en République Démocratique du Congo et vice-versa?

Un avocat étranger, a-t-il le droit de porter le titre d'Avocat en dehors de son pays ?

Quelles sont les conditions imposées par la loi à un avocat exerçant pour un autre Barreau de comparaître dans un autre Barreau ou de s'inscrire auprès de ce dernier en vue de l'exercice de son métier d'avocat ?

Comment est-il possible que la politique influence autant la prestation crédible d'un avocat pour des intérêts personnels de certains acteurs politiques ?

Pourquoi, en la lumière de ce que ce qu'a vécu l'auteur en France et en Suisse, un tribunal peut-il refuser l'exercice ponctuel à un avocat ressortissant d'un État signataire de l'Accord général sur le commerce des services qui a la possibilité d'invoquer l'article VII de l'Accord général sur le commerce des services (AGCS), si le ressortissant n'est pas inscrit au Barreau d'un État n'appartenant pas à l'Union européenne ou n'étant pas partie à l'accord sur l'Espace économique européen ou de la Suisse, alors que ce ressortissant peut prouver la condition de réciprocité?

Quel est l'impact du racisme dans le métier d'avocat actuellement dans le monde ?

Toutefois, Sankieme Lusanga Ange reconnait que les modes d'accès à la profession d'avocat varient entre plusieurs pays.

De même, la question de la réciprocité pour l'exercice de cette profession se pose entre et à travers plusieurs Etats. Seulement, son étude se limite à la France, la Suisse et la République Démocratique du Congo. Cependant, il est bien conscient que ses cogitations peuvent aussi se vérifier ailleurs.

Aussi, il avoue ne pas avoir la prétention d'épuiser le débat que cette question. Les réflexions des autres lui paraissent utiles et indispensables pour compléter et enrichir ses réflexions et ses recherches.

La démarche utilisée est un apport analytique, réflexif, critique et objectif d'un chercheur juriste qui a pour objet d'étude, le constat qui découle de la discrimination et du non-respect des principes de Droit universellement reconnu dont celui de la réciprocité entre Etats, notamment pour l'exercice de la profession d'avocat.

Ces pages sont organisées en six chapitres avec les préliminaires. Le premier a pour matrice les généralités sur la profession d'avocat. Le second a pour pierre de touche les principes internationaux de la déontologie de la profession d'avocat.

Le troisième chapitre porte sur la profession d'avocat en République Démocratique du Congo, en France au quatrième chapitre et en Suisse dans le cinquième.

Le dernier évoque l'internationalisation de la profession d'avocat : entre discrimination et méritocratie. La question qui reste ouverte, à mes yeux, est celle du décalage entre les travaux de laboratoire, les cogitations scientifiques et juridiques contenues dans cet ouvrage et leur mise en œuvre; le passage des discours théoriques à la pratique concrète dans le vécu quotidien des rapports entre Etats et des politiques internes.

Peut-être, dirait-on : une naïveté, une illusion, un rêve debout. Ce qu'il faut bien voir, je l'affirme avec conviction, le mérite de Sankieme Lusanga Ange réside dans l'audace de soulever des questions taboues que plusieurs n'oseraient dénoncer.

A force de préfacer plusieurs de ses ouvrages, j'arrive à ce constat: Sankieme Lusanga Ange est un véritable humaniste qui a su faire de sa profession d'avocat un vrai sacerdoce, un service à l'humanité et à la communauté.

Il est préoccupé par la défense des faibles, des marginalisés, de laissées pour compte. Sa détermination, me semble-t-il, est celle de redonner l'espoir aux personnes dont les méandres de la vie ont fait perdre toutes les raisons d'envisager un avenir autre et meilleur, les personnes pour qui toutes les portes et fenêtres de la vie semblent se refermer.

Il déteste et dénonce l'injustice dans les rapports internationaux, au risque de se faire marginaliser et fragiliser dans ses pays d'accueil.

Je le dis avec forte conviction, le monde scientifique, juridique, politique et diplomatique ne peut que se réjouir pour cet œuvre d'information, de formation, de responsabilité et d'inspiration dont je recommande vivement non seulement la lecture mais surtout la mise en œuvre pour un changement de politique pour la défense des marginalisés.

Donné à Sourdun, France, le 20 mai 2025

Léon Matangila Musadila
Professeur des Universités
Doyen Honoraire/Faculté des Lettres et Sciences Humaine/ Université de Kinshasa
Directeur de L'Harmattan R.D.Congo

Introduction

Cet ouvrage porte sur la profession d'avocat : mode d'accès et non-respect du principe de la réciprocité (France, Suisse et République Démocratique du Congo).

Certaines raisons justifient ces pages. En effet, partout dans le monde, l'avocat est un professionnel spécialisé qui place les intérêts de ses clients au-dessus des siens en s'efforçant d'assurer le respect de la règle de droit.

Il est appelé à concilier la nécessité de se tenir systématiquement à jour des développements juridiques pour les besoins de ses clients, le respect de la Cour et l'aspiration légitime à préserver une qualité de vie raisonnable.

Le rôle de l'avocat, qu'il soit mandaté par un particulier, une société ou un État, est celui de conseil et de représentant de confiance du client, de professionnel respecté des tiers et d'intervenant indispensable pour la bonne administration de la justice.

En incarnant tous ces éléments, l'avocat, qui sert fidèlement les intérêts du client et protège ses droits, remplit également la mission d'avocat dans la société, celle de déjouer et de prévenir les conflits, de s'assurer que les conflits soient réglés en accord avec les principes reconnus de droit civil, public ou pénal en tenant dûment compte des droits et des intérêts, de négocier et de rédiger des accords et autres transactions nécessaires, de promouvoir le développement du droit et de défendre la liberté, la justice et la règle de droit.

La profession d'avocat incarne à la fois la rigueur juridique et l'engagement envers la justice. Elle est le pilier fondamental de la défense des droits et libertés, jouant un rôle essentiel dans le fonctionnement des systèmes judiciaires à travers le monde.

Cependant, l'accès à cette profession prestigieuse varie selon les pays, chacun imposant des exigences spécifiques en matière de formation, de certification et de déontologie.

Comme objectif, notamment, j'explore les conditions d'accès à la profession d'avocat en France, en Suisse et en République Démocratique du Congo, trois pays aux traditions juridiques distinctes mais partageant une volonté commune de garantir une justice équitable et accessible.

En France, l'obtention du Certificat d'Aptitude à la Profession d'Avocat (CAPA) est une étape incontournable après un parcours universitaire en droit. En Suisse, chaque canton applique ses propres règles, bien qu'il existe une loi fédérale en la matière.

En République Démocratique du Congo, l'accès à la profession est encadré par des critères académiques et des exigences de moralité spécifiques.

Autre objectif, ces lignes visent à éclairer sur les spécificités du mode d'accès à la profession d'avocat en France, Suisse et en République Démocratique du Congo.

Il sera question aussi de parler du non-respect du principe de réciprocité dans l'exercice de la profession d'avocat. La réciprocité entre les Etats dans l'exercice de la profession d'avocat repose sur des accords bilatéraux ou multilatéraux permettant aux avocats d'un pays d'exercer dans un autre sous certaines conditions.

Mais, il arrive par moment que cela ne soit pas respecter pour les avocats venant d'Afrique malgré le fait qu'ils aient rempli les conditions d'accès dans les pays européens.

Certaines questions ont été soulevées dans ce texte. Comment et sous quelles conditions un avocat français ou suisse peut-il exercé en République Démocratique du Congo, vice-versa?

Un Avocat étranger, a-t-il le droit de porter le titre d'Avocat dans un autre pays autre que celui qu'il est inscrit?

Quelles sont les conditions imposées par la loi à un Avocat exerçant pour un autre barreau de comparaître dans un autre ou de changer de barreau en vue de l'exercice de son métier d'Avocat?

Comment est-il possible que la politique ou le tribunal influence autant la prestation crédible de la profession d'Avocat en lieu et place de l'ordre des Avocats, dirigé par le Bâtonnier qui n'est ni du pouvoir exécutif ou judiciaire?

Que devient un avocat s'il perd son honneur devant son client suite à un comportement discriminatoire des autorités compétentes?

Pourquoi est-il facile et acceptable à Avocat français ou suisse de venir prester au Congo et le contraire n'est pas possible?

Quel est l'impact du racisme dans le métier d'avocat actuellement dans le monde?

Certaines hypothèses ont guidé ma réflexion. En effet, à ma connaissance, la loi exige à ce que si vous êtes inscrit à un barreau étranger, avant de comparaître à un autre barreau, vous devez premièrement aller présenter vos civilités aux autorités ordinales, c'est-à-dire, aux autorités qui gèrent l'ordre des avocats qu'on appelle des bâtonniers ; et aux autorités judiciaires, ça veut dire les procureurs et les présidents des tribunaux.

En général, un étranger ne peut pas porter le titre d'avocat en République Démocratique du Congo (RDC) sans avoir la nationalité congolaise.

La loi congolaise stipule que seule une personne de nationalité congolaise peut exercer la profession d'avocat.

Cependant, il existe des exceptions possibles en cas de réciprocité ou de conventions internationales. L'article 7 de l'ordonnance-loi n°79-028, qui concerne l'organisation du Barreau, stipule clairement que « la nationalité congolaise est une condition essentielle pour accéder à la profession d'avocat et exercer ses prérogatives ».[1]

Si un Avocat, qui travaille pour un autre Barreau veut accéder au barreau Congolais, afin de comparaître tout en gardant le barreau pour lequel il preste, il doit solliciter une inscription complémentaire; tandis qu'un avocat prestant pour un autre barreau voulant prester au Congo sans accéder au barreau Congolais, celui-ci a besoin d'une Attestation de prestation temporaire, qu'il obtiendra auprès du Bâtonnier.

En principe, une fois qu'il a rendu une décision, le bâtonnier ne peut plus la modifier. Cependant, il est possible de faire appel de cette décision auprès du premier président de la cour d'appel, ce qui permet de la remettre en question.

Si un avocat perd son honneur devant son client, il peut faire face à des sanctions disciplinaires, civiles ou pénales. La sanction peut aller jusqu'à la radiation du barreau, c'est-à-dire, l'interdiction d'exercer.

Le client peut également intenter une action en responsabilité pour obtenir des dommages et intérêts.

Comme limite notamment, les modes d'accès à la profession d'avocat varient entre plusieurs pays. De même, la question de la réciprocité pour l'exercice de cette profession se pose entre et à travers plusieurs pays.

Mon étude se limite entre sur trois pays dont la France, la Suisse et la République Démocratique du Congo. Cependant, je suis bien conscient que mes cogitations peuvent aussi se vérifier ailleurs.

Je n'ai nullement la prétention d'épuiser le débat que cette question. Les réflexions des autres sont utiles et indispensables pour enrichir mon texte. Ma démarche est analytique, réflexive, critique, nourrie par l'expérience et plusieurs témoignages.

Ce texte est en sept chapitres. La première porte sur le préliminaire de la profession d'avocat et l'impact du racisme qui favorise la discrimination. Le

[1] Article 7 de l' l'Ordonnance-loi n°79-028 du 28 Septembre 1979 portant organisation du barreau, du corps de défenseurs judiciaires et de mandataires publics de l'Etat.

second parle des généralités sur la profession d'avocat. Le troisième chapitre a pour pierre de touche les principes internationaux de la déontologie de la profession d'avocat.

Dans cet ouvrage et en guise de conclusion, nous allons préconiser les suggestions et observations ayant trait aux questions relatives à la problématique : « *Profession d'avocat : mode d'accès et non-respect du principe de la réciprocité entre (France, Suisse et République Démocratique du Congo)* », et qui sont d'une réelle importance.

L'intérêt reconnu à ce travail demeure ou reste certainement scientifique et pratique. Ainsi et pour se faire, la législation française s'appliquant sur l'organisation du barreau...se veut identique sur terrain avec l'Ordonnance-loi n°79-028 du 28 Septembre 1979 portant organisation du Barreau et ce, différemment de la Suisse. Mais dans la pratique, en France tout comme en République Démocratique du Congo, l'on reconnait la qualité d'avocat reconnue à Mr Ange SANKIEME LUSANGA avec l'adjonction « Me...». Par contre, en Suisse, l'on ne le reconnait pas comme « Me Ange SANKIEME et pense qu'on l'appellerait: Mr Ange SANKIEME LUSANGA; par la simple mauvaise raison que ce dernier, n'ayant pas droit de défendre les clients sur leur espace territorial soumis à Suisse.

Dans ce sens, l'idée de faire face à la discrimination et promouvoir le racisme sur leur sol est certes évident et bien au contraire, ce sont les ressortissants congolais et d'autres Etats en sont victimes. De ce point de vue, il sied de rappeler que la charte internationale des droits de la défense a sa raison d'être et ce, jusqu'au point d'en respect les contenus issus des dispositions pertinentes de cet instrument juridique international. L'article 17 de cette même charte stipule que: « Quand une personne impliquée dans un différend désire la participation d'un avocat d'un pays étranger, l'administration de la justice et le barreau doivent coopérer pour aider l'avocat étranger à obtenir le droit à exercer devant les juridictions nationales.

Afin que le barreau puisse exercer sa fonction de protection de l'indépendance des avocats, il doit pouvoir être avisé immédiatement des raisons et motifs de l'arrestation ou de la détention d'un avocat, et pour les mêmes fins, le barreau reçoit un avis préalable à:

a) toute perquisition sur sa personne et ses biens,
b) toute saisie de documents en sa possession, etc.,
c) toute décision concernant des procédures affectant ou mettant en cause l'intégrité d'un avocat.

Dans ces circonstances, le barreau représenté par son président ou le délégué de celui-ci, est habilité à suivre les procédures et à s'assurer, en particulier, du respect du secret professionnel.

Le quatrième a pour matrice de la profession d'avocat en République Démocratique du Congo; en France au cinquième chapitre et en Suisse dans le sixième. Le dernier évoque l'internationalisation de la profession d'avocat: entre discrimination et méritocratie.

Nous avons fait le choix de ne pas alourdir l'ouvrage par des citations en notes de bas de page comme c'est souvent le cas, mais de mentionner que les plus importantes, notamment dans le corps du texte et en fin de l'ouvrage dans le cadre d'une bibliographie des instruments juridiques nationaux et internationaux, de la doctrine et d'une liste de sites internet d'institutions et structures spécialisés en matière.

A cet effet, nous sollicitons votre expertise en la matière afin que vous puissiez éclairer la lanterne autour de la question ou problématique sus évoquée. Car, il se pose dès lors un problème énorme au niveau international dans lequel les avocats étrangers en Suisses sont traités avec indignation et sans considération et ce, suite premièrement à la race noir. Or, ils n'agissent que par esprit d'infériorité et lesquels actes sont discourtois et discriminatoires à l'égard des congolais vivants à l'espace soumis en Suisse.

Notre joie serait de voir que vous contribuez dans cette pensée si louable et que nous penserons être très utiles tant aux juristes de formation qu'en formation, aux avocats, aux magistrats tant debout que du siège, aux conseillers juridiques et avocat d'entreprises, aux autorités issues de la police judiciaire et inspecteurs du parquet, etc.

Chapitre 1.

Les préliminaires

Le chapitre premier chapitre porte sur le préliminaire. Il est articulé en trois points. Le premier parle des articles relatifs à la réciprocité. Le second a pour objet l'impact du racisme et la discrimination dans la profession d'avocat. Le dernier sur la nécessité d'un instrument international sur la profession d'avocat.

1. La réciprocité : articles des auteurs et éclairage

En ce qui concerne la profession d'avocat, j'ai lu plusieurs articles en rapport avec la réciprocité pour exercer dans des pays étrangers.

La réciprocité dans le métier d'avocat entre la France et la République Démocratique du Congo par exemple est un sujet complexe, régi par des conventions internationales et des lois nationales. En République Démocratique du Congo, l'exercice de la profession d'avocat est généralement réservé aux ressortissants congolais, mais des exceptions peuvent être faites pour les avocats étrangers sous condition de réciprocité ou en vertu de conventions internationales.

En France, l'exercice de la profession d'avocat est également réservé aux Français, mais des règles permettent aux avocats étrangers, notamment ceux de l'Union Européenne et de la Suisse, d'exercer sous certaines conditions; et, en République Démocratique du Congo:

- **Réservation de la profession :**

L'ordonnance-loi n°79-028 du 28 septembre 1979 prévoit que « seuls les Congolais peuvent exercer la profession d'avocat ».[2]

- **Conditions d'accès pour les étrangers :**

Les avocats étrangers peuvent être autorisés à exercer sous la seule condition de réciprocité ou en vertu de conventions internationales.

- Réciprocité :

Si la France accorde aux avocats congolais le droit d'exercer en France, la RDC pourrait alors reconnaître le droit aux avocats français d'exercer chez elle.

---

[2] *Idem*

- **C'est un peu comme ça :**

Si la France reconnaît le droit aux avocats congolais d'exercer en France, alors la RDC pourrait reconnaître le droit aux avocats français d'exercer en RDC.

En France :

- **Réservation de la profession :**

L'exercice de la profession d'avocat en France est réglementé par la loi et est réservé aux personnes inscrites au barreau. Et, pour qu'un avocat étranger pour exercer ses fonctions d'avocat en France, il doit être soumis aux tests et concours afin de tester sa connaissance en droit français.

- **Accès pour les étrangers :**

Les avocats pleinement qualifiés dans un Etat membre de l'Union Européenne peuvent exercer en France sous leur propre titre.

- Autres conditions :
- Les avocats qualifiés hors de l'UE peuvent également exercer en France, mais ils doivent passer des épreuves pour démontrer leur connaissance du droit français, selon le site du Conseil national des barreaux .
- La convention de réciprocité est donc un peu comme ça :

Elle permet aux avocats français d'exercer en RDC. En échange, si la RDC reconnaît le droit aux avocats français d'exercer chez elle, alors il pourrait y avoir un accord de réciprocité entre les deux pays. En bref : La réciprocité est un facteur clé dans l'exercice de la profession d'avocat par des étrangers en RDC et en France. Les conventions internationales peuvent également jouer un rôle important dans l'autorisation d'exercice de la profession d'avocat pour les avocats étrangers dans ces deux pays.

De ce qui précède, les Avocats français tant vantés ne peuvent exercer la profession d'Avocats en République Démocratique du Congo que s'ils sont inscrits dans un Barreau congolais. Et, leur inscription ne pourra être possible que s'il y a réciprocité ou conventions internationales avec leur pays.

En France, la profession d'avocat est une profession réglementée accessible aux titulaires du certificat d'aptitude à la profession d'avocat (CAPA). La formation initiale est assurée par les centres régionaux de formation professionnelle d'avocats (CRFPA) après un cursus universitaire, sous réserve des voies dérogatoires.

En Suisse, l'accès à la profession d'avocat suppose l'obtention d'un brevet cantonal d'avocat réglementée par chaque canton, bien qu'il existe une loi fédérale du 23 juin 2000 sur la libre circulation des avocats (Loi sur les avocats, LLCA ; RS 935.61) est entrée en vigueur le 1er juin 2002.

Cette loi garantit la libre circulation des avocats en Suisse et fixe un certain nombre de principes et d'exigences minimales pour l'exercice de la profession d'avocat.

Tout avocat qui entend pratiquer la représentation en Suisse doit demander à être inscrit dans le registre des avocats du canton dans lequel il a son étude. Il doit à cette fin produire un brevet attestant qu'il a acquis des qualifications professionnelles répondant à certaines exigences de formation et apporter la preuve qu'il remplit certaines conditions personnelles. Les exigences pour obtenir le brevet d'avocat sont régies par le droit cantonal.

La LLCA fixe les règles professionnelles qu'un avocat est tenu de respecter. Elle réglemente en outre le secret professionnel et prévoit des mesures disciplinaires en cas de violation des prescriptions légales. Il relève de la compétence de chaque canton de désigner une autorité de surveillance. Cette dernière est également compétente pour statuer sur les demandes d'inscription au registre cantonal des avocats.

Enfin, la LLCA règle les modalités de la libre circulation des avocats ressortissants des États membres de l'Union européenne ou de l'Association européenne de libre-échange. Mais, il existe une lacune ou un silence qualifié en ce qui concerne les avocats d'autres États non membres de ces derniers. Alors que de l'art. 186 de la Constitution fédérale qui règle les relations entre la Confédération et les cantons et prévoit à l'al. 4 que le Conseil fédéral est chargé de pourvoir au respect du droit fédéral, il se pose donc la question du respect des Conventions internationales qui fait partie du droit fédéral.[3]

En effet, en ce qui concerne les avocats extra-communautaires, le principe posé par la LLCA est, non pas l'interdiction, mais l'indifférence à l'égard des avocats qui ne sont pas inscrits à un registre cantonal ou UE/AELE. Les avocats qui n'appartiennent ni à un barreau UE/AELE, ni à un barreau britannique au sens des accords Mind-the-Gap, ne font l'objet d'aucune réglementation au niveau fédéral[4]. Or, la Suisse s'est engagée au titre de l'art. VII GATS à reconnaître les qualifications de fourniture de service.

Dans sa liste d'engagements spécifiques annexée à l'Accord instituant l'OMC, la Suisse s'est notamment engagée à libéraliser la fourniture de conseils juridiques dans le droit de l'État d'origine et en droit international.

---

[3] L'art. 186 de la Constitution fédérale

[4] Cf. Anwalts revue| Revue de l'avocat 6/7|2022 | S. 291–295 294

Bien que le Tribunal fédéral (TF) reconnaît que «toute activité d'un avocat extra-communautaire en Suisse – à titre par exemple de conseil – n'apparaît pas d'emblée exclue» et que ce champ soit de manière générale plus vaste dans la mesure où les avocats étrangers en Suisse pratiquent notoirement, outre le conseil, l'arbitrage international, le droit de l'OMC, voire le droit du négoce ou le droit fiscal; nous sommes discriminés en tant qu'avocat inscrit au Barreau de Kinshasa/Matete par la pratique dans le canton de Berne et le même TF n'est pas entrée en matière sur nos recours.[5] Les lignes ci-dessous évoquent l'impact du racisme dans la profession d'avocat.

2. Impact du racisme: profession d'avocat et réciprocité

Il y a un impact du racisme et de la discrimination dans le métier d'avocat tant en occident qu'en RDC, Les avocats racistes font face à un racisme systémique dans leur profession, selon une enquête de Street Press. Témoins et victimes de discriminations, ils racontent des humiliations répétées, des stéréotypes persistants et des inégalités salariales marquées.

En France:

Par voie de témoignages recueillis par Street Press, plusieurs avocats perçus ou se décrivant comme « noirs », « arabes » ou « asiatiques » relatent ils sont pris pour des prévenus, des interprètes ou des vigiles. Seydi Ba, avocat au barreau de Paris, explique avoir été interpellé par un agent pénitentiaire qui, le voyant en civil, s'est exclamé : « Mais qu'est-ce qu'il faut en dehors de sa cellule celui-là ?» Un autre jour, un huissier lui aurait lancé : « C'est bien, vous connaissez le vocabulaire. Il ne vous reste plus qu'à faire des études de droit ! »

- Kadiatou Tapily, avocate en droit des affaires, raconte comment une policière lui a ordonné d'attendre son avocat avant d'être jugée, ajoutant : « D'habitude, vous êtes toujours en retard, comme on dit dans vos pays ! » À Bobigny, un avocat lui aurait supposé une visite à « un de [ses] frères derrière un des box ».

- Ces anecdotes, loin d'être isolées, traduisent une réalité plus large. StreetPress rappelle qu'un rapport du Défenseur des droits en 2018 indiquait que 56,8 % des personnes perçues comme « noires » déclaraient avoir déjà été discriminées en raison de leurs origines, contre 49,6 % pour les personnes perçues comme « arabes » et 23,9 % pour celles perçues comme « asiatiques ».

- Un racisme intégré aux institutions judiciaires

[5] cf. 2C_473/2024 14.11.2024; DFR - BGer 2C_239/2022; 2C_129/2023 – Décision du 30.03.2023 – Arrêts du TF.

- Pour les avocats interrogés, ces discriminations commencent dès l'entrée des juridictions. Tewfik Bouzenoune, avocat pénaliste, explique qu'avant même de montrer sa carte professionnelle, il est fréquemment interrogé sur son « heure de convocation », sous-entendant qu'il est un justiciable et non un homme de loi.

- D'autres témoignages illustrent le mépris quotidien dont sont victimes ces avocats. Seydi Ba se souvient d'un président d'audience qui l'avait accueilli en s'exclamant: « Ah! Vous êtes là, monsieur l'interprète! » Un autre jour, un confrère leur avait présenté sa carte pour entrer dans un tribunal, pensant qu'ils étaient vigiles.

- Pour éviter ces situations, certains avocats expliquent devoir s'imposer un code vestimentaire strict. « On a toujours la carte ou la robe bien en évidence. Là où des confrères blancs peuvent se permettre de venir en basket et en t-shirt », explique Seydi Ba.

- Un racisme persistant en cabinet

- Au sein des grands cabinets d'avocats, les discriminations prennent une autre forme. Fadila Ouadah Benghalia, avocate au barreau de Paris, raconte comment lors de ses entretiens, elle devait prouver qu'elle maîtrisait « bien le français à l'écrit comme à l'oral».

- Les inégalités salariales sont également flagrantes: elle a découvert qu'elle était moins bien rémunérée que des collègues « blancs » à expérience égale, parfois de 500 à 1 000 euros de moins.

- Un autre avocat, Asad, raconte qu'il lui avait été expliqué qu'il devait « s'adapter aux codes » d'un métier dominé par des « hommes blancs bourgeois ». Il évoque aussi une fois où, dans un cabinet, le mot « nègre » a été utilisé à plusieurs reprises par des collègues sans aucune conséquence.

- Une profession qui refuse de voir le problème

- Face à ces discriminations, les avocats concernés déplorent le manque de réactions des institutions judiciaires. « *On représente la justice. Pourtant, notre profession n'est ni bienveillante ni accueillante pour la différence* », conclut Asad.

Pour Tewfik Bouzenoune, la profession doit se doter d'outils adaptés pour lutter contre ces discriminations: « Il faut mener des campagnes et mettre en place des formations ciblées. » Contactés par Street Press, le tribunal de Paris, la Commission égalité du Conseil national des barreaux et d'autres instances n'ont pas répondu aux sollicitations. Un silence qui en dit long sur le tabou qui entoure encore ces questions, selon la rédaction du média d'enquête.

Qui est appelé avocat métropolitain? (Un avocat métropolitain est un avocat exerçant ses fonctions dans une zone urbaine, souvent une métropole, et qui est indépendant des structures judiciaires coloniales. Il appartient à un ordre professionnel et exerce une profession libérale. Son rôle est d'assurer la défense des droits de ses clients tout en respectant les règles déontologiques de la profession, En résumé, un avocat métropolitain est un avocat qui exerce son métier dans une grande ville, en toute indépendance, et qui est soumis aux règles de la profession.[6]

En Suisse:

«Je suis noire. Quand j'étais stagiaire dans une étude d'avocats, un jour, j'ai porté un paulo à imprimé léopard. Un avocat m'a lancé: "ça te rappelle ta brousse!"». Des remarques comme celles-ci, Coralie*, membre du collectif Afro-Swiss, association romande qui milite contre le racisme, en a beaucoup entendu. Souvent dans d'autres domaines que celui du droit.[7]

Mais, lorsque la personne qui émet de tels propos est avocat, juge ou procureur, on peut s'interroger sur l'état d'esprit au sein de la justice suisse. Une question d'autant plus légitime que s'il existe bien une norme pénale contre la discrimination raciale dans le domaine public – difficilement applicable, nous le verrons dans un prochain épisode – rien dans le droit civil ne sanctionne la discrimination raciale au quotidien, à l'embauche par exemple. Contrairement à ce qui existe par exemple en matière de discrimination homme-femme.[8]

« Nous n'avons pas de loi anti-discrimination et le racisme n'est pas abordé dans le droit de la formation, le droit social, le droit de la sécurité, ni aucun autre domaine du droit,» rappelle Tarek Naguib, juriste et collaborateur scientifique au centre de droit social de la ZHAW School of Management and Law à Winterthur, dans la revue Tangram de la Commission fédérale contre le racisme.

Il souligne: «L'interdiction générale de la discrimination telle qu'inscrite dans la Constitution fédérale n'a donc guère trouvé de prolongements dans le droit suisse. Conséquence concrète et matérielle: l'administration, mais aussi

---

[6] Discours aux rentrées solennelles du Barreau de Paris, 1939-1975. Dans les discours, il était d'usage de rendre hommage aux avocats disparus dans l'année écoulée.

[7] Biographies d'avocats combattants, résistants ou déportés: Emmanuelle DE BOYSSON, Georges Izard, avocat de la Liberté, presses de la Renaissance, 2003.

[8] Eric FREEDMAN, Deux Avocats Dans La France Occupée- Les Archives De Joseph Haennig Et Léon-Maurice Nordmann, Non-Lieu Editions, 2015.

et surtout la justice, ne sont pas vraiment sensibilisées à cette problématique.»[9]

L'absence d'une loi anti-discrimination a bel et bien un impact sur les pratiques, réagit Abdul Carrupt, avocat chez Bär & Karrer, au barreau de Genève. «Il y a un manque important de connaissance de ces problématiques ainsi que d'habitude à traiter ces cas, dans la mesure où l'on ne peut pas les raccrocher à des dispositions existantes dans le droit civil.»[10]

Faut-il donc craindre certains biais lorsque la justice est administrée?

Accent africain imité au Ministère public. Partons de la remarque adressée à Coralie par un avocat. S'agit-il d'un cas isolé? Le numéro d'hiver 2022 de Sous toutes réserves, la revue du Jeune barreau de l'Ordre des avocats de Genève, donne courageusement à lire des témoignages édifiants issus du milieu: «Il était courant dans certains greffes de se moquer des accents de certains plaignants ou prévenus ou du fait qu'ils n'arrivaient pas à prononcer certaines lettres de la langue française. On m'a également expliqué qu'il y avait les "bons" noirs et les autres, c'est-à-dire les dealers.»[11]

La même personne raconte: «Lors des pauses de midi au Ministère public, il était courant pour certains employés de s'amuser à imiter "l'accent africain"».

Autre témoignage dans Sous toutes réserves: «J'étais appelée comme témoin au Tribunal. Durant l'audience, le juge émettait des commentaires salaces à propos de l'interprète et la regardait avec un regard libidineux. À l'issue de l'audience, devant les parties et moi-même, il a déclaré: «ça a quand même aussi apporté du bon, la colonisation.»[12]

La justice ne semble ainsi ni exemplaire, ni exempte de biais racistes. «La justice s'inscrit dans le contexte social dans lequel elle est exercée», commente pour Heidi.news Abdul Carrupt, qui a participé à ce numéro de la revue des jeunes avocats. «Quand on entend que des magistrats ou d'autres membres des autorités se permettent ce type de comportements dans le cadre de l'exercice de leur fonction publique, il est inévitable qu'au moment où ils font face à ces mêmes personnes ou populations, ils sont moins à l'écoute de ce qu'elles leur disent et de la façon dont elles ressentent les situations vécues.» Ces propos sont aussi rendus possibles par la faible

[9] Yves OZANAM, "Avocat, écrivain, déontologue, défenseur du Maréchal pétain : le bâtonnier Fernand Payen (1872-1946)", Revue de la Société internationale d'histoire de la profession d'avocat, n°9, 1997.

[10] GREVEILLAC Paul, Phases d'armes, Gallimard, 2023 (biographie de rené Bondoux).

[11] GUERY Christian, « Justice à Vegas : quand la perpétuité est une victoire », Dalloz, 2009

[12] F. CHAUDET/O. Rodondi (éd.), *L'avocat moderne,* Mélanges publiés par l'OAV, Bâle 1998

représentation de personnes racisées dans le milieu juridique en Suisse. Parmi les trente-huit juges fédéraux, élus par l'Assemblée fédérale, il n'y en aucune. [13]

Combien de binationaux (il faut être suisse pour être juge)? Le Tribunal fédéral nous a répondu que ces données n'existent pas. « Malgré leur surreprésentation en tant qu'"objets" d'application de la loi, il existe un grand manque de représentation des personnes afro descendantes dans le personnel de la police, du système judiciaire et des prisons», notait ainsi le rapport d'un groupe de travail de l'ONU paru en octobre 2022.[14]

Pourtant, la justice suisse se veut représentative de sa population. « Ce souhait se traduit par exemple dans le fait que les procureurs sont affiliés à différents partis politiques. Mais, la justice n'est pas représentative à de nombreux niveaux, aussi bien pour ce qui est de la racialisation que de l'origine sociale», observe l'avocate Roxane Sheybani, que nous rencontrons dans son bureau en vieille ville de Genève. «Pour accéder à des métiers dans des domaines comme le droit, c'est une réalité qu'il est plus simple de venir de certains milieux que d'autres. Mais je ne pense pas que cela soit intentionnel.»

Intentionnels ou non, sur le long chemin qui mène au métier d'avocat, les obstacles sont plus importants pour les personnes noires, estime l'avocat pénaliste Simon Ntah. «Devoir trouver un stage d'avocat, c'est se trouver sur un marché où il y a beaucoup plus de demande que d'offre. Il faut être parmi les meilleurs étudiants. A défaut, avoir un réseau et des parents déjà avocats aide énormément pour décrocher des premières expériences dans notre métier.»

Simon Ntah poursuit: «Et selon les études, il peut être plus facile de présenter aux clients un stagiaire blanc qu'un stagiaire noir. Cela va continuer jusqu'à ce que les minorités soient plus adéquatement représentées au sein des collèges d'associés.». Il donne l'exemple des Etat-Unis, où c'est au contraire pour certains clients, souvent de grandes entreprises, une exigence que d'avoir affaire à une équipe composée de personnes issues d'horizons divers, à défaut de quoi le mandat ne sera pas octroyé.

La Suisse évolue tout de même, reconnaît l'avocate Brigitte Lembwadio, que nous sommes allée rencontrer dans son bureau à La Chaux-de-Fonds. «Il y a vingt ans, j'étais la seule noire partout où j'allais dans ce milieu, maintenant c'est moins le cas. Mais, ça reste rare chez les juges. Et, j'espère que compter davantage de juges noirs permettrait d'éviter certains

---

[13] Marc FLANDIN, Pierre-Etienne Flandin, une âme républicaine, Genèse editions, 2023.

[14] MILBURN, Ph., « L'honoraire de l'avocat au pénal : une économie de la relation professionnelle », Droit et Société, no 26, 1994.Consulter

comportements inadéquats». Elle se souvient d'une affaire il y a quelques années. «La juge appelle ma cause et je demande dix minutes pour ma plaidoirie. Elle s'adresse à moi: "Mais, Madame vous êtes toute seule, votre avocate n'est pas là? ».

D'autres témoignages le confirment: au tribunal, lorsqu'une personne noire est présente, il est régulièrement déduit qu'il s'agit de l'accusé.

Les blagues et remarques sont une chose. Mais, les biais récurrents à l'encontre des personnes racisées et des étrangers ont aussi des conséquences concrètes dans l'application de la justice. «J'ai par exemple entendu un procureur dire, dans le cadre d'un cambriolage pour lequel il n'existait aucune preuve, que la nationalité géorgienne d'une personne constituait un soupçon suffisant à son encontre parce que la façon dont la porte avait été forcée était une technique typiquement géorgienne», rapporte Simon Ntah. De la même façon, on crée aisément des liens entre des personnes qui viennent d'Afrique subsaharienne et le trafic de stupéfiants»[15]

Il marque une pause. «Votre origine ou votre couleur de peau engendrent parfois une présomption de culpabilité, ce qui m'est insupportable. Ces biais ont des impacts dans l'application de la justice.» Le professeur de droit pénal bâlois Peter Albrecht affirmait dans la presse il y a dix ans que par rapport aux Suisses et aux personnes venues des pays voisins de l'UE, les étrangers originaires d'ex-Yougoslavie ou d'Afrique «sont généralement plus sévèrement punis pour les mêmes délits». [16]

Ou encore que «l'ethnie des accusés joue souvent un rôle dans les délibérations sur le jugement ».

Peter Albrecht a présidé le tribunal bâlois des affaires pénales de 1978 à 2002, et travaillé auparavant comme greffier. Brigitte Lembwadio abonde. «Le juge a une grande liberté d'appréciation. Pour une même infraction, une personne de couleur, si en plus elle n'a pas de famille sur place, a beaucoup plus de risque de se retrouver en prison. Ce qui donne l'impression que nos prisons sont remplies de noirs et d'étrangers sans se rendre compte que l'analyse qui a été faite pour en arriver à une décision de détention peut comporter de nombreux biais.» [17].

D'autres exemples interrogent. «Si le prévenu n'a pas de passeport suisse, le risque de fuite est presque systématiquement admis, même quand il vit en Suisse depuis longtemps», note Roxane Sheybani.

A Genève, la parole semble pourtant en train de se libérer. En témoigne le numéro spécial de Sous Toutes Réserves, publié sous l'impulsion de

---

[15] FELLMANN/Zindel (éd.), *Kommentar zum* Anwaltsgesetz (BGFA), 2e Aufl., Basel 2011

[16] Michel GUENAIRE, Pierre Gide, une vie d'avocat, Perrin biographie, 2020.

[17] Hommage à Pierre Cot avec les témoignages de ses collaborateurs et amis, 1979.

membres de l'Ordre des avocats. «Afin de sensibiliser la profession et le milieu judiciaire dans le but d'engendrer des progrès, nous avons la volonté d'être proactif sur le sujet, précise l'Ordre à Heidi.news.[18]

Ce travail a notamment été l'occasion d'évoquer sans détours ces questions fondamentales dans une publication diffusée à tous les membres de l'Ordre des avocats. Parmi nos autres initiatives, notre Commission des droits humains a également soumis une contribution au groupe de travail de l'ONU sur la situation des personnes d'ascendance africaine dans le cadre de sa visite en Suisse.» Contacté sur le contenu du Sous Toutes Réserves, le pouvoir judiciaire genevois relève « qu'une violation avérée de l'interdiction de non-discrimination par un membre du personnel serait une violation grave des devoirs de service, qui peut être dénoncée pour permettre la cessation de l'atteinte à la personnalité, la protection de la victime et l'ouverture d'une procédure disciplinaire contre l'auteur·». Il précise par ailleurs que «les procureurs et les juges prêtent le serment de remplir leur mission envers tous également et qu'ils sont soumis à la surveillance disciplinaire du conseil supérieur de la magistrature, lequel peut être saisi». Le règlement du personnel du pouvoir judiciaire prévoit en outre l'obligation des collaboratrices et collaborateurs de traiter les justiciables et le public avec impartialité.[19]

Concernant les biais en matière de justice et l'absence d'une loi anti-discrimination, le Ministère public de la Confédération répond que ces questions ne relèvent pas de ses compétences. Le Tribunal fédéral, lui, rappelle que «l'interdiction de la discrimination respectivement [au] principe d'égalité de traitement sont des droits constitutionnels. Ils sont un sujet central de la science et de la pratique juridiques. Ces droits fondamentaux sont régulièrement invoqués dans les recours déposés auprès du Tribunal fédéral qui examine, dans ces cas, s'il y a eu violation de l'interdiction de discrimination ou du principe d'égalité de traitement.»[20]

Il y a les biais liés à la nationalité ou à la couleur de peau lors de l'application de la justice. Mais il y a aussi certains biais quand il s'agit d'aborder la question du racisme lui-même, notamment parce qu'il n'existe pas de loi anti-discrimination. «Pour ne prendre qu'un seul exemple, les procédures mettant en lumière le racisme dans les contrôles de police ou les violences policières restent assez rares, détaille le juriste Tarek Naguib dans Tangram.

---

[18] ROGER PERROT, *Institutions judiciaires*, 13e éd., Montchestien, Paris, 2008

[19] cf. 2C_473/2024 14.11.2024; DFR - BGer 2C_239/2022; 2C_129/2023 – Décision du 30.03.2023 – Arrêts du TF.

[20] MONTAGNE Albert, « De la fiction au réel, les grandes affaires criminelles françaises et leurs conséquences cinématographiques », Cinémaction, n°105

Celles engagées dans le cadre des affaires Mohamed Wa Baile, Wilson A. ou Mike Ben Peter ont été les premières dans l'histoire récente du droit de la police à dénoncer de façon aussi virulente la violation de l'interdiction générale de la discrimination. Ce qui est symptomatique, c'est que les juges ne se réfèrent même pas à la jurisprudence: la justice n'examine pas correctement s'il s'agit ou non d'un cas de discrimination»[21].

Les autorités judiciaires et les ministères publics ne garantissent pas un procès équitable en cas de violence raciste, estime encore Tarek Naguib, cité dans le rapport du Swiss Forum for Migration and Population Studies. Ce «racisme institutionnel» de la justice a pour conséquence que pour saisir la justice, «les personnes racisées doivent surmonter plusieurs obstacles et prendre le risque de subir de nouvelles discriminations». Pourquoi n'ont-ils pas fait appel à la justice, entend-on régulièrement lorsque certains témoignent de leurs agressions sur les réseaux sociaux ou dans les médias plutôt que de tenter de faire valoir leurs droits. La réponse ici semble être claire.[22]

En République Démocratique du Congo et dans certains cas, précisément à Kinshasa où, nous voyons une discrimination au principe dans ce sens qu'on en interdise à certains avocats issues des provinces de bien vouloir comparaître aux tribunaux se trouvant dans la capitale de Kinshasa, siège de toutes les institutions (politiques, administratives et judiciaires), d'un côté et dont se trouve institué l'Ordre National des avocats, d'autre part; d'autant plus que tous sont avocats Congolais et une telle pratique est certes contradictoire à la loi régissant l'organisation du Barreaux, de défenseurs judiciaires et du corps de mandataires publics de l'Etat.

Lesquelles discriminations souvent basées sur l'ethnie ou la province d'origine, peuvent affecter les avocats, notamment dans l'accès à certains postes ou à des cas. Par ailleurs, les conflits internes et la corruption peuvent également entraîner le travail des avocats et leur accès à la justice.

Les conflits récurrents et la corruption peuvent entraver l'exercice de la profession et rendre difficile l'accès à la justice. Le développement économique et social de la RDC peut influencer le nombre d'avocats disponibles et la qualité de la justice. [23]

En résumé, les avocats congolais peuvent être confrontés à des discriminations, notamment ethniques ou régionales, ainsi qu'à des défis liés aux conflits internes et à la corruption. Ils sont cependant des acteurs

---

[21] GUERY Christian, « Du bon usage du droit pénal en Algérie entre 1954 et 1962 », in *Juger en Algérie*, 1944-1962, Paris, Seuil, « Le genre humain », n°32.

[22] GUERY Christian, « Les prédateurs : une vision de la justice en France », Dalloz, 2008, Point de vue, p. 862.

[23] VERGES Jacques, Journal, La passion de défendre, Monaco, Éditions du Rocher, 2008.

clés du système judiciaire en RDC. L'expérience vécu en RDC par Me Oscar MUBUAYI étant qu'avocat du Barreau de Lille en France est la même que celle dont nous avons vécu en France, et Suisse comme susmentionné, où nous avons été refusés de comparaître comme Avocat.[24]

3. Nécessité d'un instrument international sur la profession d'avocat

Les avocats jouent un rôle essentiel dans le système judiciaire et contribuent à la protection de l'Etat de droit en assurant l'accès à la justice de leurs concitoyens et en protégeant les libertés et les droits fondamentaux. En effet, sans avocats il n'y a pas d'Etat de droit. [25]

Pour cette raison, la profession d'avocat peut faire l'objet de pressions considérables de la part des pouvoirs exécutif et législatif, et parfois du pouvoir judiciaire, et aussi d'acteurs extérieurs à l'État: harcèlement, menaces, emprisonnements, surveillance, disparitions forcées et meurtres d'avocats continuent de se produire dans de nombreux États au monde.[26]

Portant, il existe quelques instruments, à l'instar de la Recommandation n° R(2000)21 du Comité des Ministres aux États membres du Conseil de l'Europe dont la France et la Suisse en font parties, sur la liberté d'exercice de la profession d'avocat. Ces instruments ne se sont pas avérés être tout à fait efficaces pour protéger les avocats. [27]

Un instrument contraignant nécessaire pour garantir une protection effective est dont nécessaire le respect de la définition de qui est « avocat », son rôle et le lieu de l'exercice notamment hors frontière et sans discrimination avec la nécessité de rappeler l'obligation qu'ont les autorités nationales de respecter et protéger la liberté d'exercice de la profession d'avocat et d'en promouvoir le rôle en garantissant l'efficacité du système judiciaire et la protection des droits fondamentaux et de l'Etat de droit. [28]

Le 13 mai 2025, le Conseil des barreaux européens (CCBE) a participé à l'ouverture à la signature de la Convention du Conseil de l'Europe sur la protection de la profession d'avocat. Cet événement, qui s'est tenu à Luxembourg, marque une étape historique pour l'état de droit, la profession d'avocat et le CCBE.

La cérémonie a débuté par les discours de Xavier Bettel, président en exercice du Comité des Ministres, vice-premier ministre, ministre des

[24] cf. Décision - Cour d'appel de Metz : RG n°24/00697

[25] VERGES Jacques, J'ai plus de souvenirs que si j'avais mille ans…, Paris, Éditions de la Table ronde, 1998.

[26] VERGES Jacques, Que mes guerres étaient belles, Monaco, Éditions du Rocher, 2007.

[27] VARAUT Jean-Marc, Un avocat pour l'histoire, Mémoires interrompus 1933-2005, Paris, Flammarion, 2007.

[28] ZOLLER Élisabeth, Le droit des États-Unis, Paris, PUF, « Que sais-je ? », 2001.

affaires étrangères et du commerce extérieur, ministre de la coopération et de l'action humanitaire, et d'Alain Berset, secrétaire général du Conseil de l'Europe.

C'est pourquoi, le CCBE était représenté par son président, Thierry Wickers, et le président du groupe de travail Convention européenne du CCBE, Laurent Pettiti, accompagné du conseiller juridique du CCBE Nathan Roosbeek.[29]

Il s'agit du premier instrument international juridiquement contraignant visant à protéger l'exercice libre et indépendant de la profession d'avocat. Son adoption est un événement marquant étant donné qu'il fournit un cadre juridique solide pour préserver l'indépendance des avocats et garantir leur capacité à exercer leurs activités professionnelles sans intimidation, ingérence ni représailles.[30]

L'idée d'un tel instrument contraignant a d'abord émergé au sein du CCBE en réponse aux menaces croissantes pesant sur l'indépendance et la sécurité des avocats. En tant que membre observateur du Comité d'experts sur la protection des avocats (CJ-AV), le CCBE a activement contribué à élaborer le contenu de la Convention, en veillant à ce qu'elle reflète les réalités et les besoins de la profession. Le groupe de travail Convention européenne du CCBE, présidé par Laurent Pettiti, a joué un rôle moteur dans le projet en œuvrant en coopération étroite avec les organes du Conseil de l'Europe et les barreaux nationaux. La Convention établit, pour la première fois, des normes juridiques contraignantes et un mécanisme de suivi pour protéger l'indépendance, la sécurité et les droits professionnels des avocats.[31]

Ses principales dispositions sont les suivantes :

- Garantir l'indépendance et l'autonomie des barreaux ;
- Préserver la confidentialité des communications entre l'avocat et son client ;
- Permettre aux avocats d'exercer leurs fonctions sans craindre d'être attaqués, menacés, harcelés ou intimidés, ni subir d'entraves ou d'ingérences indues ;
- Garantir un accès équitable à la profession et la transparence des procédures disciplinaires.

La convention introduit également un mécanisme de suivi pour garantir une mise en œuvre efficace et prévoit des procédures d'urgence en cas de

---

[29] VERNOIT Fabrice, L'Amérique et ses procès fous, Lausanne, Éditions Favre, 2007.
[30] SIMMEL Georg, Philosophie de l'argent, Paris, Garnier-Flammarion, 2009.
[31] LEGRAND Gérard, « Le spectacle et le secret », Positif, no 334, 1988.
VERGES Jacques, De la stratégie judiciaire, Paris, Éditions de Minuit, 1968.

violations graves. Cette Convention ne vise pas seulement à protéger les avocats, mais à sauvegarder les fondements mêmes de l'état de droit. Lorsque les avocats peuvent exercer librement et en toute indépendance, les droits de chacun sont protégés a déclaré le président du CCBE Thierry Wickers.[32]

Les barreaux de Luxembourg, Paris et Bruxelles avait salué l'adoption cette Convention, le 12 mars 2025, par le Comité des Ministres du Conseil de l'Europe. Ils ont qualifié cette décision d'un tournant historique : « il s'agit du premier traité international juridiquement contraignant dédié à la protection de la profession d'avocat. Elle constitue une avancée majeure pour la défense de l'État de droit, la garantie de l'accès à la justice et la protection effective des droits humains et des libertés fondamentales.

Une réponse indispensable face aux atteintes croissantes contre les avocats Depuis plusieurs années, les atteintes portées contre les avocats se multiplient. Les agressions, les menaces et les ingérences dans l'exercice de leurs activités professionnelles sont devenues des réalités trop fréquentes. Face à cette situation, une protection juridique structurée est devenue indispensable afin de garantir que les avocats puissent remplir leurs missions dans le respect des principes fondamentaux de leur profession. Une Convention pour renforcer les droits et garantir l'indépendance.[33]

La Convention européenne vise précisément à renforcer la protection de la profession d'avocat et à garantir le droit d'exercer cette profession en toute indépendance, sans discrimination, sans obstruction ni ingérence indue, et sans être la cible d'agressions, de menaces, de harcèlement ou d'intimidation. Elle consacre également des garanties majeures en matière de droits professionnels, de liberté d'expression, de discipline, ainsi que des mesures spécifiques de protection pour les avocats et les associations professionnelles.

La Convention garantira l'indépendance et l'autonomie des associations professionnelles ainsi que leur rôle dans la promotion et la représentation des intérêts et du bien-être des avocats. Afin d'assurer la mise en œuvre effective de ses dispositions, la Convention institue un mécanisme de suivi confié au Groupe d'experts sur la protection des avocats (GRAVO) et au Comité des Parties, chargés de veiller au respect des engagements pris par les États signataires. [34]

Appel à la mobilisation des États L'ouverture à la signature de la Convention aura lieu à Luxembourg le 13 mai 2025, à l'occasion de la

---

[32] SHAKESPEARE, Hamlet, Paris, Gallimard, « Folio Plus classique », 2005.
[33] SAFFAR Patrick, OTTO Preminger, Rome, Gremese, « Les grands cinéastes », 2008.
PAPADOPOULOS Ioannis, *Plaider coupable,* Paris, PUF, « Droit et justice », 2005.
[34] SAINT-PIERRE FRANÇOIS, Avocat de la défense, Paris, Odile Jacob, 2009.

réunion des ministres des Affaires étrangères du Conseil de l'Europe. Pour entrer en vigueur, le texte devra être ratifié par au moins huit pays, dont six États membres du Conseil de l'Europe.

Conscients de l'importance majeure de ce traité pour la préservation de l'État de droit et le bon fonctionnement de la justice, les barreaux de Luxembourg, Paris et Bruxelles invitent l'ensemble des États à signer et à ratifier la Convention. En soutenant ce texte, les États affirmeront leur attachement aux valeurs démocratiques et à la protection de ceux qui, au quotidien, défendent les principes fondamentaux de nos sociétés »[35].

---

[35] cf. Communiqué

Chapitre 2

Généralités sur la profession d'avocat

Le second chapitre porte sur les généralités sur la profession d'avocat. Il est organisé en trois sections. La première parle des notions générales et son évolution. La seconde évoque l'avocat auxiliaire de la justice. La dernière s'articule sur les droits, les interdictions et les devoirs des avocats.

Le second chapitre porte sur les généralités sur la profession d'avocat. Il est organisé en trois sections. La première parle des notions générales et son évolution. La seconde évoque l'avocat auxiliaire de la justice. La dernière s'articule sur les droits, les interdictions et les devoirs des avocats:

Section 1. Notions générales et évolution

En droit, l'avocat est un juriste dont les fonctions traditionnelles sont de conseiller, représenter, d'assister et de défendre ses clients, personnes physiques ou morales, en justice, en plaidant pour faire valoir leurs droits. Par ailleurs, l'avocat s'acquitte d'une fonction de conseil mais aussi de rédacteur d'actes.

En ce qui concerne le monopole de l'assistance, de la représentation, de la postulation et de la plaidoirie, on peut retenir que ce monopole est justifié par la protection des citoyens, en raison des garanties de compétence, de probité et de surveillance par la puissance publique des avocats. Il y a assistance lorsque le justiciable comparait en personne et que son avocat se tient à ses cotes : c'est en général le cas en matière pénale ou le prévenu comparait en personne, tout comme en droit de la migration lors du contrôle de la légalité des mesures d'éloignement des étrangers en situation irrégulière.

Il y a représentation lorsque l'avocat prend la place de son client et agit en son nom et pour son compte, ce qui se produit souvent en matière civile ou la représentation est fréquemment obligatoire. L'assistance en justice suppose le pouvoir et le devoir de conseiller la partie et de présenter sa défense sans l'obliger. En effet, l'avocat est présent aux côtés de son client pour le conseiller et le défendre en présentant des explications dans son intérêt ou en plaidant.

Ainsi, la représentation emporte pouvoir et devoir accomplir au nom du client des actes des procédures et c'est ainsi que l'avocat dispose le monopole de postulation. En principe le mandat de représentation implique également une mission d'assistance, mais l'assistance peut intervenir sans la représentation.

La fonction de défenseur remonte à la plus haute antiquité. À Rome, il était d'usage pour les patriciens de défendre leurs clients en justice : les avocats conseillaient le plaideur, tandis que les oratores plaidaient devant le tribunal. Rapidement, la fonction devint lucrative et de nombreuses lois vinrent la réglementer, souvent, d'ailleurs, pour tenter vainement d'en limiter les honoraires. L'empereur Justin fut le premier à admettre officiellement l'existence d'une « entente » entre les avocats.

On ne sait ce que devint l'ordre ainsi créé durant le haut Moyen Âge. Mais, en 1274, une ordonnance de Philippe le Hardi oblige les avocats à prêter serment. En 1345, Philippe VI le Long énumère les conditions d'inscription et d'exclusion du tableau des avocats au parlement. Les audiences, avocats-auditeurs, ne sont pas autorisées à plaider ; les proponentes plaident ; les consiliarii enfin, avocats les plus anciens, consultent seulement. Tous se réunissent dans la chapelle Saint-Nicolas, au Palais, et l'un d'eux est nommé chaque année bâtonnier, pour porter la bannière, ou « bâton », de saint Nicolas.

Auxiliaires de la justice d'Ancien Régime, les avocats devaient disparaître avec elle.[36] La loi du 1er-2 septembre 1790 dispose que les « hommes de loi ci-devant appelés avocats ne devant former ni ordre ni corporation n'auront aucun costume particulier dans leurs fonctions ». Le barreau supprimé, les tribunaux révolutionnaires s'emplirent d'une multitude de conseils de circonstance, parés du titre d'avocat, plaidant et postulant, et qui eurent tôt fait d'avilir la profession. Napoléon se méfiait des avocats.

Mais, devant un tel désordre, il dut rétablir le barreau par le décret du 14 décembre 1810 : le barreau ne devait plus être dissous.

Depuis lors, les textes se sont succédé en France, tels le décret du 20 juin 1920 réglementant le droit au titre, la loi du 26 juin 1941 instituant un certificat d'aptitude, et surtout deux réformes majeures : la loi du 31 décembre 1971 et les décrets de 1972, qui ont réalisé la fusion entre les professions d'avocat, d'agréé et d'avoué devant le tribunal de grande instance ; les lois du 31 décembre 1990, qui ont fusionné en un même corps avocats et conseils juridiques et modifié les règles d'organisation et de représentation qui régissaient les barreaux.

Comme leurs prédécesseurs, les nouveaux avocats issus de la réforme de 1990 sont groupés en ordres ou barreaux autonomes et égaux en droit, constitués à raison d'un par tribunal d'instance. Chaque barreau est composé

---

[36] La loi du 1er-2 septembre 1790

d'une assemblée générale qui élit le conseil de l'ordre et le bâtonnier. Dans les barreaux importants, les avocats se réunissent par petits groupes ou « colonnes ».

Le conseil de l'ordre a un rôle de représentation et d'administration. Il lui arrive de formuler des remontrances à l'autorité publique (en 1945 par exemple, il avait protesté lorsqu'il avait été question dc supprimer l'inamovibilité des magistrats du siège).

Le conseil de l'ordre est maître de la discipline. La procédure disciplinaire suit les principes généraux du droit commun. Les décisions ont autorité de chose jugée, elles sont susceptibles de voies de recours, mais leur caractère corporatif entraîne certaines particularités. Les peines sont l'avertissement, le blâme, la suspension, enfin la radiation. L'avocat radié ne peut se réinscrire dans un autre barreau. Tout avocat d'un État de l'Union européenne peut exercer, à titre occasionnel, son activité en France. La réforme de 1990 ayant introduit la possibilité du salariat dans l'exercice de la profession d'avocat, le bâtonnier a la charge d'arbitrer les conflits nés à l'occasion de l'exécution d'un contrat de travail entre un avocat salarié et son employeur ; sa décision est susceptible d'être déférée devant la cour d'appel.[37]

En peut retenir que d'Athènes et Rome, le mot «avocat» dans son sens étymologique vient du latin advocatus (advocare : appeler auprès de) -> deux acceptions: Soutien: la personne qu'on appelle avec soi en soutien/en appui lorsqu'on est en audience, ami. C'est la personne qui défend la cause d'autrui en plénum à Rome (un peu plus tard), ça devient vraiment l'avocat qui vient assister la défense d'autrui. Les Grecs ont plus ou moins inventé la profession d'avocat (≠ romains), mais elle était différente d'aujourd'hui: elle était exercée par des logographes (espèce d'écrivain public spécialisé qui se chargeait d'établir des plaidoiries écrites/des thèmes de plaidoiries au plaideur, soit la personne qui devait plaider -> logographe ne venait pas plaider à la place de son client, mais lui fournissait la plaidoirie).

A Rome ça s'est plus développé, il n'était pas exclus à Rome qu'on puisse être assisté d'un avocat qui plaide à notre place (concept pourtant pas évident à l'époque). En effet, au début, avocats pas payés en argent mais en cadeaux, donc avaient besoin de fortune pour exercer la profession. Plus tard ils avaient la possibilité d'être payés. Le plus célèbre de tous les avocats est Cicéron.

Au Moyen-Âge (An 802, 9 e siècle), dans un capitulaire, Charlemagne mentionne la profession d'avocat, preuve qu'on la connaissait déjà à cette époque. L'ordonnance de Philippe la Hardi en 1274, réglemente la profession d'avocat, et reconnaît aux avocats du Parlement de Paris la

[37] cf. BARREAU - Encyclopédie Universalis; voir aussi (http://www.araguas.fr/les-avocats-html)

qualité de membres d'un corps constitué le titre de « Maître ». C'est l'apparition aussi de diverses obligations: - Obligation de prêter serment - Obligation de défendre les causes justes - Obligation de recevoir une rémunération modérée.

Le « Barreau » (ordo) est apparu en 1302 sous Philippe IV Le Bel qui avait déjà initié un enregistrement des avocats en 1291 (matricula), puis le « tableau de l'Ordre » fut réglementé par l'ordonnance du 13 février 1327 de Philippe VI de Valois, lequel fixa encore les conditions de capacité, les incompatibilités et les causes d'exclusions à l'accès à cette profession qui se vit conférer le monopole de la plaidoirie (jusqu'à ce qu'un « arrêt » du Parlement de Paris ne vienne officialiser un statut de l'avocat en 1344 et que Charles V Le Sage n'instaure un système d'assistance judiciaire en 1364) (Apparu en même temps que les ordres Mineurs, la cléricature de la chancellerie royale et l'Université (Paris et Orléans), l'avocat a, après bien des Révolutions et des évolutions, délaissé sa toque au milieu du XXe siècle.

Il sied à présent de présenter ces attributions de monopole les unes après les autres : assistance en justice, représentation, postulation, conclusion, plaidoirie, consultation, conseil, conciliation et rédaction.

1. Assistance en justice

L'assistance peut se définir comme « une mission en général confiée par le plaideur lui-même à un avocat (...) qui emporte pour celui qui en est chargé pouvoir et devoir de conseiller la partie (d'où le nom « conseil des parties ») et de présenter sa défense sans l'obliger (d'où le nom de « défenseur »). L'assistance en elle-même n'accorde pas mandat de représentation à l'Avocat, mais un mandat de représentation, sauf dispositions ou conventions contraires, inclut la mission d'assistance.

Ainsi, conformément à l'article 73 du Code de procédure pénale congolais, chaque partie au procès peut se faire assister d'une personne agréée spécialement dans chaque cas par le Tribunal pour porter la parole en son nom.[38] Bien que le juge puisse commettre un défenseur à cet effet, c'est l'Avocat qui jouit du monopole de l'assistance conformément aux prescrits de l'article 6 du code de déontologie de l'Avocat. Le point ci-dessous porte sur la représentation.[39]

2. Représentation

La représentation est une « mission d'origine conventionnelle qui confère au mandataire le pouvoir et le devoir d'accomplir au nom du mandant (plaideur) les actes de la procédure ».

[38] L'article 73 du Code de procédure pénale congolais
[39] L'article 6 du code de déontologie de l'Avocat.

En matière pénale, d'après l'article 71 du code de procédure pénale cité, la représentation n'est valable que si les faits pour lesquels le représente est poursuivi ne sont pas punissables de plus de 2 ans de servitude pénale. Cependant, bien que cette condition ait été remplie, le juge peut toujours exiger que le prévenu comparaisse personnellement.

En principe, les Avocats ne représentent les parties que lorsqu'ils sont porteurs d'une procuration spéciale, mais dans certains cas, ils sont présumés représenter les parties lorsqu'ils portent sur eux les pièces de procédure. Il importe de souligner qu'à la différence de l'assistance qui n'est qu'une mission de conseil et de défense du plaideur et qui n'oblige en rien la partie, la représentation consiste en un véritable mandat emportant pouvoir et devoir d'accomplir au nom du mandant tous les actes de procédure.[40]

Aux termes de l'article 14, alinéa 3 du code de procédure civile, Ce mandat comporte le droit de comparaître, de postuler et de conclure pour la partie ainsi que de porter la parole en son nom.

Que retenir de la postulation ?

3. Postulation

Corollaire de la représentation, la postulation consiste pour l'Avocat, mandataire d'un client, à accomplir pour lui les actes de procédure que nécessite le déroulement de l'instance. La législation française, à travers l'article 417 du Nouveau code de procédure civil français, voudrait qu'elle se limite aux seuls actes ordinaires de la procédure et qu'elle ne porte pas sur les plus graves actes, comme le désistement, l'acquiescement, la transaction, qui ne sont pas compris, de plein droit, dans le pouvoir général de mandataire pour l'accomplissement desquels il est seulement réputé à l'égard du juge et de la partie adverse, avoir reçu un pouvoir spécial, par l'effet d'une présomption relative.[41] Les pages suivantes portent sur la conclusion.

4. Conclusion

La conclusion est un acte de procédure par lequel les parties, par l'intermédiaire de leurs Avocats ou par elles-mêmes, formulent à l'intention du juge leurs chefs de demande ou leurs moyens de défense, en bref leurs prétentions. Le dépôt des conclusions entraîne la fin des débats et oblige le juge à répondre à tous leurs objets. Comment comprendre la plaidoirie ?[42]

---

[40] Alain, Propos, Paris, Gallimard, 1956.

[41] N'KONGOLO TSHILENGU, M., *Droit judiciaire congolais: le rôle des cours et tribunaux dans la restauration d'un droit violé ou contesté,* Service de documentation et d'études du Ministère de la Justice et Garde des Sceaux, Kinshasa, 2003 ;

[42] CORNU, G., *Op.cit.,* p. 796)

5. Plaidoirie

La plaidoirie est « un exposé verbal, à l'audience, des prétentions et arguments des parties » Si, en matière pénale, par exemple, la plaidoirie conserve encore toute son, il n'en va pas de même en d'autres matières, celle civile par exemple où les Avocats peuvent déposer leurs conclusions sans plaider verbalement, après n'avoir donné que de très brèves explications orales. Que dire de la consultation ?

6. Consultation

On peut parler de la consultation lorsqu'un juriste professionnel donne son avis dans un cas litigieux.

7. Conseil

Jusqu'au 31 décembre 1990, le Conseil juridique était une profession juridique différente de celle de l'Avocat en France, la loi n°90-1259 promulgué à la date précitée a supprimé cette profession qui consistait à donner des avis et à rédiger des actes sous seing privé et ceux qui l'exerçaient ont été assimilés aux Avocats, à dater du 1er janvier 1992. En RDC, le Conseil juridique reste l'une des attributions de l'Avocat, néanmoins, il existe des juristes professionnels employés par des personnes physiques ou morales et dont la mission principale est de « conseiller » leurs employeurs en matière juridique. Que retenir de la conciliation ? [43]

8. Conciliation

Indépendamment des attributions qu'il exerce au prétoire, c'est-à-dire, assister ou représenter, conseiller, plaider et postuler pour les parties en conflit, l'Avocat peut appeler à suggérer une solution à un litige né entre les parties, c'est ce qu'on appelle la conciliation. Dans ces circonstances, l'Avocat est appelé « arbitre » ou « conciliateur ».

Concernant la nature de cette attribution de l'Avocat et le choix porte sur sa personne, Emile LAMY écrit « .... C'est une mission occasionnelle, justifiée par ses connaissances juridiques ».

La conciliation est différente de la consultation en ce sens que l'Avocat est dans ce cas sollicité par toutes les deux parties en désaccord afin qu'il leur propose une solution à leur litige tandis que pour la consultation, il est invité par un client seul pour qu'il l'aide dans ses préoccupations juridiques, « il joue donc un rôle de conseiller unilatéral ». [44]

Le dernier point porte sur la rédaction.

---

[43] Loi n°90-1259

[44] *Idem*, p.146

9. Rédaction

La rédaction est, non seulement « l'action de rédiger, mais aussi le résultat de cette action ». Ainsi, dans ce cas, l'Avocat est-il appelé à mettre par écrit le résultat des recherches qu'il a entreprises pour le compte d'une partie ou les volontés dictées par cette dernière. Que retenir de l'avocat auxiliaire de la justice ?

Section 2. Avocat auxiliaire de la justice

A la lumière de monopole susmentionné, on peut affirmer que les Avocats sont des auxiliaires de justice pour être chargés d'assister ou de représenter les parties, postuler, conclure et plaider devant les juridictions. Par ailleurs, d'autres attributions sont comme susmentionnées, celles de consulter, conseiller, concilier, rédiger des actes sous seing, assister ou représenter, plaider et conclure en dehors des juridictions.[12]

Comme expliqué, les Avocats détiennent le monopole d'assistance ou de représentation, de postuler, de conclure et de plaider pour autrui devant les juridictions.[45]

Ce monopole est justifié par le fait que se faire assister ou représenter par un Avocat offre « des garanties de compétence, de probité et de surveillance par la puissance publique »[13] et reste lié au droit de la défense, étant donné que l'Avocat est supposé avoir la connaissance nécessaire du droit et que sa profession contrôlée ne lui permet pas de faire preuve de négligence ou de mauvaise foi.[46]

En ce qui concerne la qualification de l'Avocat comme auxiliaire de la justice, cette qualité se trouve au cœur des débats sur l'identité de l'avocat que nourrit l'extension du champ d'activité de la profession. Il n'est pas toujours évident d'en livrer la signification et d'en tirer les conséquences. Bien sûr, il n'est plus question d'en déduire que l'avocat est exclusivement lié à un contrat avec son client, qu'il n'a aucune relation contractuelle avec son client et qu'il n'agit que par les lois de la vérité. [47]

Il s'agit plus simplement de mettre en lumière le fait qu'il participe à la réalisation de la justice, même lorsqu'il œuvre comme auxiliaire de son client.

---

[45] LAMY, E., Le droit privé zaïrois, introduction à l'étude du droit écrit et du droit coutumier zaïrois, Vol. 1, PUZ, Kinshasa, 1975, p. 115

[46] Idem ; 11 CORNU, G., *Op.cit.*, p. 763

[47] MUPILA NDJIKU et WASENDA N'SONGO, Code de déontologie des Avocats, Pax Congo, Kinshasa, 2002, p. 42

Parfois contestée pour l'infériorité hiérarchique de l'avocat à l'égard des magistrats que la notion semble suggérer, l'idée d'auxiliaire de justice reste attachée à une mission que l'avocat ne renie pas. Il prend cette charge intégrée dans la déontologie de sa fonction. Pour autant, un texte récent ne retient plus l'expression. Il précise toutefois que l'avocat « concourt à l'accès à la justice et au droit ».

En peut retenir en ce qui concerne l'avocat comme « auxiliaire de justice», l'avocat mâche le travail des juges et facilite la justice, car il ordonne les documents et le reste pour présenter la matière au juge (quand le client vient voir l'avocat, il ne sait pas comment ordonner les faits, tout est en cheni, etc., c'est l'avocat qui s'occupe de mettre de l'ordre).[48]

Le terme d'auxiliaire de justice est français, il n'implique en France, en RDC et en Suisse aucun rapport de subordination, ni de partenariat. En Suisse par exemple, la jurisprudence du Tribunal fédéral (ATF 130 II 270 ; ATF 106 Ia 100 = JdT 1982 I 579) parle plutôt de collaborateur de la justice, et justifie cette appellation par le fait que l'avocat joue un rôle important pour le bon fonctionnement des institutions judiciaires, car il dénonce les manquements du système; il doit conseiller utilement le client et faciliter la tâche du juge en présenter les informations de manière ordonnée.[49]

Partant, l'avocat a un rôle à jouer dans les sociétés démocratiques, il contribue à la réalisation de l'Etat de droit en garantissant l'accès à la justice et en aidant les justiciables à faire reconnaître leurs droits dans les meilleures conditions possibles, c'est le garant de l'accès à la justice. Avocat = rempart entre individu et Etat, et parfois son arbitraire -> ultime rempart contre injustice et arbitraire. [50]

Il a pour armes que la parole et le verbe, moteur de sa pensée par la libre expression orale et écrite comme nous l'avons vu. Sa critique, qu'elle soit négative ou positive, est un facteur de progrès. L'interdiction de la liberté d'expression est le symptôme le plus sûr de la dictature. Dans les sociétés démocratiques, où la liberté d'expression est essentielle, l'avocat doit en bénéficier. Dans les pays sans véritable liberté d'expression, il n'y a pas de véritable avocat (car risque d'être mis en prison ou tué pour ce qu'il dit).

Quand un avocat a toute sa liberté d'expression, on est sûr d'être dans une démocratie. Avocat doit rappeler l'existence de l'Etat de droit à l'Etat.[51]

---

[48] HAMELIN et DAMIEN, Les règles de la profession d'Avocat au Barreau de Paris, 9-ème Ed., Dalloz, Paris, 1995, p. 24.
[49] UNGARO Jean, Américains, héros de cinéma, Paris, L'Harmattan, 2005.
[50] VOULAND Philippe, « La défense pénale est un métier », AJ Pénal, 2007
[51] VILLEZ, Barbara, Séries télé, visions de la justice, Paris, PUF, 2005.

Par ailleurs, il participe à la création du droit. En effet, le droit n'est pas toujours dans les lois. A cet égard, avocat joue un rôle : à chaque fois que les hautes juridictions arrêtent un principe ou change sa jurisprudence, c'est parce qu'un avocat l'a demandé soit lors d'une procédure soit par ses ouvres scientifiques comme en l'espèce. [52] L'avocat n'est pas le créateur du droit, mais un élément qui participe à la motorisation du droit, c'est un des éléments moteurs du droit dont ses écritures comme doctrine, est une source de droit aux côtés de la loi, la coutume et la jurisprudence.[53]

Donc, l'avocat est le moteur essentiel de la création et de l'évolution du droit devant les tribunaux et la société par l'exercice d'une Profession libérale et indépendante, par son Serment et sa Robe.

1. Profession libérale et indépendant

La profession d'avocat, issue de la fusion d'anciennes professions juridiques, a intégré diverses fonctions et a obtenu le monopole de la postulation devant les cours d'appel. [54]

Une réforme ultérieure a conduit à la suppression de la profession d'avoué près les cours d'appel et à son intégration à la profession d'avocat. Cette fusion s'est accompagnée de mesures transitoires concernant l'inscription des anciens avoués aux barreaux et leur accès à la formation continue. [55]

Des dispositions ont également été prises pour remplacer l'ancienne terminologie juridique et pour définir les modalités d'honorariat pour les anciens avoués. Le caractère libéral et indépendant de la profession d'avocat est un principe fondamental. Cette indépendance doit être à la fois matérielle, morale et intellectuelle et s'applique à l'égard de tous. [56]

Bien que la qualité de salarié ne soit pas en soi incompatible avec l'indépendance de l'avocat, celui-ci exerce ses fonctions sous sa propre responsabilité, conformément à son serment pour la détermination de ses conditions de travail. Le décret qui soumettrait l'avocat à la subordination de son employeur est encadré. Ce décret interdit d'ailleurs les clauses du contrat de travail qui porteraient atteinte à l'indépendance de l'avocat, qu'elles soient inscrites dans les contrats de travail ou de collaboration.

Cette liberté se manifeste aussi dans les relations entre un avocat et son client. Aucune clause d'indépendance ne saurait empêcher les avocats

[52] WILLARD Marcel, La défense accuse, Paris, Éditions sociales, 1951.
[53] MOULLET Luc, « Ottobiographie », Cahiers du cinéma, no 101, 1959.
[54] MOLIERE, Les fourberies de Scapin, Paris, Classiques Hachette, 2005.
[55] MICHEL Joel, Le lynchage aux États-Unis, Paris, La Table ronde, 2008.
[56] Article 1er de l'Ordonnance-loi n°79-028 du 28 Septembre 1979 portant Organisation du Barreau, du corps de défenseurs judiciaires et du corps des mandataires publics de l'Etat.

d'invoquer un vice du consentement en cas de violence économique. La Cour de cassation a estimé qu'un avocat peut se trouver dans une situation de dépendance économique vis-à-vis de son client et demander l'annulation d'une convention d'honoraires obtenue sous la contrainte.

De même, les honoraires ne doivent pas être trop étroitement liés au gain potentiel du client, ce qui explique l'interdiction du pacte de quota litis. L'avocat est également libre d'accepter ou de refuser des affaires, voire de s'en désister à condition d'en informer son client en temps utile pour lui permettre de trouver un remplaçant. Sauf exception en cas de commission d'office, l'avocat désigné doit assurer sa mission, sauf empêchement légitime apprécié par le bâtonnier ou le président de la cour d'assises.

La première chambre civile a souligné le contrôle que peut exercer le juge disciplinaire, qui ne doit pas seulement vérifier la régularité formelle de la décision du président de la cour d'assises, mais aussi le bien-fondé des motifs invoqués par l'avocat. Il appartient au juge, en cas de poursuites disciplinaires contre un avocat n'ayant pas déféré à une commission d'office, de se prononcer sur la validité des motifs d'excuse ou d'empêchement et d'apprécier ces motifs. Enfin, l'avocat est libre de choisir sa stratégie et sa plaidoirie. Il doit informer son client de la stratégie adoptée, mais celui-ci n'a pas le pouvoir d'influencer l'argumentation de l'avocat.[57]

Cette liberté se manifeste aussi par la liberté de parole accordée à l'avocat à l'audience. L'avocat bénéficie d'une immunité. La Cour de cassation a cependant précisé que les écrits sans rapport avec la cause et dépassant les limites des droits de la défense ne sont pas couverts par cette immunité. Par ailleurs, l'impunité relative aux poursuites pénales n'empêche pas d'éventuelles sanctions disciplinaires pour des propos tenus à l'audience. Par exemple, tenir des propos antisémites lors d'un appel d'assignation peut entraîner une radiation. Cependant, l'avocat bénéficie, en cas de protection, de la garantie de la Convention européenne des droits de l'homme, notamment son article.

Dans le même sens, il existe un contentieux concernant une juridiction qui doit considérer comme n'excédant pas la mesure appropriée les propos des défenseurs des droits de la défense. De même, la Cour européenne des droits de l'homme a estimé qu'une sanction disciplinaire infligée à un avocat pour avoir qualifié des magistrats instructeurs de complices d'actes de torture dans ses écrits constituait une atteinte injustifiée à l'exercice de sa mission de défense.

La liberté d'expression est un fondement essentiel dans une société démocratique. Elle est considérée comme une pierre angulaire et les

---

[57] LATAPIE Gilles, Face à Michel Fourniret, Paris, Michel Lafon, 2009.

garanties qu'elle offre s'appliquent également aux idées et informations qui peuvent heurter, choquer ou inquiéter. Cependant, cette liberté n'est pas sans limites. Les propos qui portent atteinte à la réputation d'autrui et qui sont étrangers au débat d'intérêt général peuvent être sanctionnés. Il a été rappelé que pour être qualifiés de diffamatoires, de tels propos doivent être sans lien avec un débat d'intérêt public. De même, même la simple reproduction fidèle d'un propos diffamatoire peut engager la responsabilité de celui qui le cite, surtout si cela est fait dans une intention malveillante.

La liberté d'expression des avocats est également encadrée par des règles déontologiques. Leur serment professionnel leur impose notamment de faire preuve de dignité, d'honneur, de probité et de délicatesse. Les règles de la profession précisent qu'ils doivent s'exprimer avec modération et prudence, en évitant toute injure ou diffamation. Enfin, la liberté d'expression des avocats peut être limitée par le secret professionnel. Ils ne peuvent pas divulguer les informations couvertes par ce secret, même devant les tribunaux.

À cet égard, la personne physique qui exerce à titre professionnel habituel ou à titre principal les fonctions qui ne soulèvent pas de problème d'indépendance particulière dans le cadre de celui-ci. Il agit différemment selon la situation dans laquelle le client, personne physique, est lui-même coauteur et membre fondateur du cabinet d'avocats et peut, de ce fait, exercer un contrôle effectif sur le collaborateur. Dans cette dernière situation, il doit être considéré comme associé et membre fondateur. Il doit donc définir clairement sa position de client en servant au mieux les intérêts de son client.

Il faut relever que la Commission européenne travaille à l'hypothèse de normes harmonisées européennes relatives à la qualité des services juridiques afin de poursuivre son agenda de libéralisation des professions du droit. Du point de vue de la nouvelle stratégie Europe industrielle, la qualité, son évaluation et sa certification doivent être au cœur de l'organisation de la profession d'avocat. Ce faisant, la Commission encourage une très forte évolution de l'organisation de la profession d'avocat. Il convient de souligner le rôle du serment dans les lignes qui suivent.

2. Serment

Comme auxiliaire de justice, l'avocat est notamment tenu de prêter serment.

Bien sûr, tous les accès sécurisés de la justice ne sont pas porteurs de sens en matière de serment de l'avocat. Le serment représente la représentation des devoirs essentiels de l'avocat : indépendance, probité, humanité. Ces devoirs permettent un échange de confiance avec son client. L'avocat doit ainsi éviter tout conflit d'intérêts et assurer la confidentialité. Tant l'avocat que son client doivent pouvoir parler librement et sereinement. L'avocat a un rôle essentiel de protection et de promotion de l'État de droit.[58]

Comme tout serment, celui de l'avocat porte en lui les valeurs professionnelles. Il doit exercer ses fonctions avec dignité, conscience, indépendance, probité et humanité. Le serment de l'avocat est notamment un acte de portée éthique et morale. Il doit agir dans le respect des principes essentiels de la profession : honneur, loyauté, désintéressement, confraternité, délicatesse, modération et courtoisie. Il doit faire preuve de respect envers la justice et les institutions. L'avocat participe à la défense des droits et des libertés et contribue à la bonne administration de la justice. Il doit agir en toute impartialité et avec un souci constant de l'intérêt public. [59]

Les règles de la profession rappellent les devoirs de l'avocat en matière d'exercice de la profession, de relations avec les clients, de confraternité et de secret professionnel de probité, et en tirant les conséquences de ce que les avocats ne forment plus à proprement parler un corps, leurs clients désirant les tribunes, leurs lors, en effet, l'avocat cesse d'exercer ses « fonctions », terme volontairement plus accueillant que les anciennes qualifications. Désormais au nombre de cinq après l'ajout de la probité.[60]

L'évolution du serment est révélatrice de l'évolution de la profession et de son adaptation à une société qui, après avoir longtemps fonctionné par rapport au religieux, entend bien faire de même à l'égard du politique et des institutions. Alors qu'il est lié à la qualité d'auxiliaire de justice et qu'il doit impérativement s'imposer à tout associé quelle que soit son activité, le serment n'a pas été prêté par les conseils juridiques devenus avocats à la suite de la loi du 31 décembre 1990 précitée. [61]

L'article 88 de la loi du 31 décembre 1971 se borne à préciser que ceux qui n'ont pas prêté serment avant sa réforme sont dispensés de le faire une seconde fois, mais ne dit rien de ceux qui n'avaient pas eu à le faire en leur ancienne qualité, auraient pu y être soumis en leur nouvelle. Il faut noter à cet égard que la Cour européenne de sauvegarde des droits de l'homme a pu douter de la nécessité d'une prestation de serment dans le cadre d'une procédure devant un tribunal. Les lignes ci-dessous évoquent le port de la robe.[62]

---

[58] SOULEZ LARIVIERE Daniel, *L'avocature*, Paris, Seuil, 1995.

[59] PASCAL Blaise, Pensées, Paris, Gallimard, « Folio-Classique », 2004.

[60] OST Francois, *Dire le droit, faire justice*, Bruxelles, Bruylant, 2007.

[61] LA BRUYERE, Caractères, Paris, Nelson, s.d. [1688], 525.

[62] OSSORIO Angelo, L'anima della toga, Aquila, Secchioni, 1926

3. Le port de la robe

Le port de la robe professionnelle est également l'une des conséquences que l'on rattache à la qualité d'auxiliaire de justice qui participe à l'administration de la justice. Historiquement, la robe représentait la noblesse, qui s'attachait à la fonction d'avocat, c'est-à- dire à celui qui sert la justice. Mais, alors qu'il en découlait l'obligation pour les avocats de porter la robe de l'audience, cette obligation fut peu à peu remise en cause.[63] Il en est sorti un usage aujourd'hui généralisé de porter la robe dans l'exercice de leurs fonctions judiciaires. L'avocat doit également porter la robe en réalité dans l'exercice pour lequel les fonctions judiciaires tiennent leur légitimité (par exemple, lors d'une reconstitution). [64] En dehors de ces hypothèses, non seulement le port de la robe n'est pas obligatoire ; mais il est en réalité restreint.[65]

Il est permis à l'avocat de porter la robe en dehors du palais dans les manifestations auxquelles les avocats participent à titre collectif ou en leur qualité d'avocat honoraire. Enfin, il est possible aux ordres d'imposer qu'aucun autre signe distinctif ne s'ajoute à la robe. Le juge peut ordonner à l'avocat d'ôter tout signe ostentatoire. L'avocat bâtonnier veille au respect de cette obligation. Il appartient à l'avocat de porter une robe « décente », c'est-à-dire une robe sobre, sans signe manifestant ostensiblement une appartenance ou une opinion religieuse, philosophique, communautaire ou politique. [66]

Le règlement intérieur ne peut prévoir une interdiction volontaire ou systématique, car le Conseil de l'Europe ne peut « pour prendre une telle délibération restreignant la liberté de pensée, de conscience et de religion et la liberté d'expression », dont relèvent du domaine de la vie privée, « utiliser une constitution pas moins nécessaire et proportionnée à la protection du règlement intérieur du barreau de l'État « étant « discriminatoire ». [67]

Une cour d'appel française s'est prononcée en faveur de la régularité de la délibération, estimant que la robe constitue l'uniforme concourant à assurer l'égalité des droits et à bannir tout signe distinctif visible, que les obligations attachées au droit à un procès équitable et que « en conséquence, l'objectif recherché est bien légitime et l'exigence proportionnée ». [68]

Il en résulte que « chaque avocat dans l'exercice de ses fonctions de défense doit apparaître sans autre signe que ce qui lui est personnel ou

[63] MITRY Jean, Esthétique et psychologie du cinéma, Paris, PUF, 1963.
[64] LOMBARD Paul, Ma vérité sur le mensonge, Paris, Plon, 1997.
[65] RACINE, Les plaideurs, Paris, « Folio Théâtre », 2006.
[66] MOLLA Alain, « L'avocat face à son client », AJ Pénal, 2007
[67] FELLMANN, *Anwaltsrecht*, Bern 2010
[68] MORE Thomas, Utopia, Dover Publ inc., 2006.

propre à la défense de son client et du droit », que le port de la robe sans aucun signe distinctif étant nécessaire « [...] prend en outre plus d'interdiction [considérée illégale] seulement restreindre la possibilité de manifester un juste combat ». L'avocat intervient devant une juridiction pour assister ou représenter un justiciable. Il ne saurait former contre cette décision à être rejeté par la Cour de cassation. Il faut signaler la question des droits, interdictions et devoirs des avocats.

Section 3. Droits et interdictions et devoirs des avocats

Le métier exceptionnel de l'Avocat entraîne à son profit un certain nombre de droits et par voie de conséquence le soumet aussi à certaines obligations particulières tel que nous l'exposerons dans les lignes qui suivent: les droits, interdictions, devoirs de l'avocat et le caractère de la profession d'avocat.[69]

1. Droits de l'Avocat

Ils sont présentés par les articles 72 et 73 du code de déontologie des Avocats. Ce sont notamment:

- D'incarcération dans lesquelles ils représentent ou défend une partie ;
- Représenter les parties lorsqu'il dispose d'un mandat spécial ou lorsqu'il est porteur des pièces de la procédure ;
- Assister au huis clos. [70]

A ces droits de l'Avocat prévus par la loi, d'aucuns s'accordent à ajouter le droit qu'à l'Avocat d'être cru sur parole. Que dire de l'interdiction et des devoirs des avocats ?

2. Interdictions et devoirs de l'Avocat

Dans l'exercice de sa fonction, l'Avocat est tenu à plusieurs obligations, formulées en termes d'interdictions et de devoirs. On ne peut en donner qu'une liste exhaustive telle que prévue par les articles 74 à 80:

➢ L'interdiction de se rendre concessionnairedes droits successoraux ou litigieux ;

➢ Interdiction de faire avec les parties, en vue d'une rétribution, des conventions aléatoires subordonnées à l'issue des procès.

➢ Interdiction de se livrer à des injures envers les parties ou à des personnalités, envers les défenseurs ;

---

[69] N'kulu Kilombo, op. cit., p.10)
[70] L'article 72 et 73 du code de déontologie des Avocats

- ➢ Interdiction de refuser ou de négliger la défense des prévenus et l'assistance aux parties dans les cas où ils sont désignés ;
- ➢ Interdiction de racoler la clientèle ou de rémunérer un intermédiaire dans ce but ;
- ➢ Interdiction d'accepter de défendre tour à tour les intérêts opposés dans une même cause ;
- ➢ Interdiction de révéler les secrets qui leur sont confiés en raison de leur profession ou d'en tirer eux-mêmes un parti quelconque Interdiction de faire état à l'audience d'une pièce non communiquée à l'adversaire ;
- ➢ Interdiction de faire toute démarche, d'avoir toute conduite susceptible de compromettre leur indépendance ou leur moralité ;
- ➢ Devoir de conduire jusqu'à leur terme les affaires dont il s'occupe à moins qu'il n'en soit déchargé par la partie.
- ➢ Devoir de conduire chaque affaire avec célérité et compétence.
- ➢ Devoir de restituer, sans délai, les pièces sommes dont il possède dès qu'elles ne lui sont plus nécessaires pour la défense de la cause ;
- ➢ Devoir de se présenter au Président de l'audience, à l'Officier de Ministère Public, au bâtonnier et au confrère chargé des intérêts adverses lorsqu'il est appelé à plaider devant une juridiction extérieure au ressort de son barreau ;
- ➢ Devoir de ne pas se rendre au domicile de ses clients, sauf en cas d'urgence ou de nécessité.[71]

Les manquements à certains de ces devoirs cités ci-haut peuvent entraîner la responsabilité civile et pénale de l'Avocat lorsqu'ils ont porté préjudice aux droits des clients et de ses confrères Avocats ; et lorsqu'ils ont porté atteinte au caractère indépendant, libéral et honorable du métier d'Avocat, ils entraînent l'ouverture d'une action disciplinaire dont l'issue, selon la gravité des faits, peut-être , soit la suspension qui ne peut dépasser une année, soit la radiation, soit l'avertissement, soit encore la réprimande.

Droit, morale, éthique, déontologie: dans la profession d'avocat, comme dans toute profession réglementée, il y a une dimension éthique fondamentale. C'est d'ailleurs ce qui différencie les professions libérales des autres professions proches, qui n'ont pas cette éthique, précisément car le libéral a beaucoup de pouvoir sur son patient ou son client, du coup on attend de lui qu'il fasse usage de ce pouvoir avec le plus d'honnêteté et de

[71] *Idem*

circonspection possible. Autorégulation de la profession d'avocat: il y a tout un corps de règles déontologiques.

a. Morale =ensemble des règles qui doivent diriger l'activité libre de l'homme. Il y a 2 composantes : l'étude des devoirs de l'homme et faire connaître ces devoirs. La morale échappe aux sanctions étatiques.

b. Ethique = science ou étude de la morale, ou, dans sa forme adjectivable, ce qui appartient à la morale.

c. Déontologie = science des devoirs, ou ensemble des règles et devoirs régissant une Profession.

Le droit fixe aux hommes des règles qui fixe leur comportement en société et les rapports entre les hommes, mais le droit ne définit pas le bien et le mal. C'est la morale qui distingue ce qui est bien ou mal. Les objectifs sont différents: -Objectif du droit: vise à réglementer la vie sociale dans une perspective collective.

Morale: vise à orienter l'individu dans la réalisation de la perfection dans une perspective individuelle. Mais les décisions de justice s'inspirent de conceptions morales et éthiques, et le droit est influencé par la morale à deux titres: - Les lois sont imprégnées de la morale contemporaine de leur adoption. La loi est le reflet de la morale existant lors de son adoption. - Les juges s'inspirent de la morale, à tout le moins de l'équité. Il y a l'adage : summum summa iniuria (l'application excessive du droit conduit à l'injustice). Quand il faut appliquer une loi, le juge est orienté par la morale.[72]

Il faut distinguer la morale qui est transcendant de l'éthique qui est rationnel. Droit et éthique s'interpénètrent l'un l'autre, droit toujours sous-tendu de principes éthiques. Certaines estiment que l'éthique = la morale alors que d'autres pensent que c'est différent. L'éthique impose la loyauté dans les relations contractuelles et ante-contractuelles (responsabilité précontractuelle). Dans le domaine du commerce, il y a des éléments moraux et éthiques: la concurrence doit être loyale. L'éthique peut se trouver dans la loi mais aussi dans les textes d'associations. Ces textes d'associations ont souvent appelés textes de déontologie. Le but est de moraliser la profession et de donner une crédibilité à la profession. Droit et éthique s'interpénètrent et ont un caractère complémentaire. Ils sont différents mais sont liés.

---

[72] *Ibidem*

3. **Caractères de la profession d'avocat**

L'article 2 du code de déontologie des avocats pose deux caractères de la profession d'Avocat. En effet, l'Avocat est non seulement libéral, mais aussi indépendant dans l'exercice de sa profession.[73]

4. **Libéralité**

Le caractère « libéral » de la profession d'Avocat signifie qu'il « exerce librement son ministère... » et que le fruit de son travail lui revient directement. Il irait jusqu'à signifier que l'Avocat ne peut pas être employé de l'Etat ou d'une personne morale ou privée.

Concernant ses rapports avec l'Etat, on retient que « les Avocats ne sont pas des agents publics mais ils sont des collaborateurs occasionnels des services publics ». Quant à ses rapports avec les clients, personnes morales ou physiques, on doit relever qu'ils ne peuvent être envisagés comme étant des rapports entre employeurs et employés mais plutôt comme des contrats d'abonnement dont l'exécution encore reste occasionnelle.

En conséquence, il est permis de d'affirmer que la profession d'Avocat est libérale bien qu'elle soit réglementée et contenue dans un ensemble des restrictions, car elle est à l'abri de tout dirigisme ou autoritarisme de l'Etat ou de la corporation, malgré le contrôle que cette dernière exerce sur l'accès et l'exercice de la profession aux termes de la loi. Il y a aussi l'indépendance à signaler.[74]

5. **Indépendance**

Ce caractère attribué à la profession d'Avocat par la loi signifie que dans l'exercice de sa profession, l'Avocat n'est soumis à aucun lien de subordination.

Il ne prête son ministère que dans des causes qu'il estime, de par sa conscience, justes et honorables, à moins qu'il soit désigné d'office par le juge, selon les règles et conditions légales. Ainsi, ni l'Etat, ni le juge, ni le Barreau ne peuvent forcer l'Avocat à prester ses services dans une cause qu'il n'estime juste. Aussi, ne peuvent-ils pas dicter à l'Avocat les arguments ou les moyens légaux à utiliser dans une cause qu'il défend.

---

[73] L'article 2 du code de déontologie des avocats

[74] (CHAPUS, R., *Droit administratif général,* Tome II, Montchrestien, Paris, 2001, p.85 ; NKULU KILOMBO, *Profession d'Avocat : « règles et usages en matière disciplinaire*, SECCO, Kinshasa, 1992, p. 10

6. **Conclusion**

En définitive, les caractères libéral et indépendant que la loi accorde au métier d'Avocat « n'impliquent pas une totale liberté dans ses rapports professionnels, que soit avec les magistrats, se confrères ou ses clients ».

Chapitre 3

Les principes internationaux de déontologie de la profession d'avocat

Les « Principes généraux » énoncent dix principes qui sont communs à la profession juridique dans le monde entier. Sur le respect de ces principes se fonde le droit à une défense juridique, pierre angulaire de tous les autres droits fondamentaux d'une démocratie. Les principes généraux sont issus des principes communs qui sont à la base de toutes les règles nationales et internationales régissant la conduite des avocats, notamment dans le cadre de leur relation avec leurs clients.

Les principes généraux ne traitent pas en détails d'autres aspects de la conduite des avocats, par exemple envers les cours, d'autres avocats ou le barreau dont relève l'avocat. Je parle des principes d'indépendance, de probité-intégrité-équité, du conflit d'intérêt, de confidentialité, secret professionnel, de l'intérêt du client, de l'engament de l'avocat, de la liberté du client, de la protection des biens du client et des tiers, de la compétence et des honoraires.

1. Indépendance

Je parle du principe général, de la note explicative et des implications internationales.

a) Principe général

L'avocat doit préserver son indépendance et pouvoir bénéficier de la protection qu'offre cette indépendance lorsqu'il représente ses clients et qu'il leur fournit des conseils impartiaux. L'avocat doit faire preuve d'indépendance de jugement et d'impartialité professionnelle lorsqu'il assiste un client, et concernant les chances de succès que présente l'affaire du client.

Que retenir de la note explicative ?

b) Note explicative

Il est indispensable pour l'administration de la justice et le fonctionnement de la règle de droit qu'un avocat agisse pour son client en tant que professionnel libre d'instructions de contrôle ou d'ingérences. Sans garantie d'indépendance et s'il fait l'objet d'une ingérence extérieure, notamment des personnes au pouvoir, il sera difficile pour un avocat de protéger pleinement ses clients. Par conséquent, la garantie d'indépendance d'un avocat est un prérequis essentiel à la protection des droits des citoyens dans une société démocratique.

Le prérequis d'indépendance fait appel à chaque avocat en exercice, aux gouvernements et à la société civile pour que l'indépendance de la profession juridique l'emporte sur les aspirations personnelles et pour que soit respectée la nécessité d'une profession juridique indépendante. Les clients sont en droit d'attendre des conseils indépendants, impartiaux et intègres indépendamment de ce que le conseil aille ou non dans le sens voulu par le client.

L'indépendance exige d'un avocat qu'il agisse pour le client sans qu'il y ait d'intérêts personnels en conflit, d'influences extérieures indues ou toute autre préoccupation qui puisse entraver les meilleurs intérêts du client ou gêner le jugement professionnel de l'avocat.

L'indépendance d'un avocat est, ou est susceptible d'être, à risque ou compromise dans les cas suivants:

- lorsqu'un avocat participe à une transaction commerciale avec un client en l'absence de déclarations appropriées et de consentement du client ;

- Lorsqu'un avocat agit pour un client et qu'il devient partie prenante d'une opération, d'un travail ou d'une activité dont les intérêts l'emportent ou sont susceptibles de l'emporter sur les intérêts du client ;

- à moins que la loi ne le permette, lorsqu'un avocat acquiert sciemment un titre de propriété, de possession ou de sûreté défavorable au client ;

- lorsqu'un avocat détient ou acquiert une participation financière dans ce qui constitue l'objet même d'une affaire dont il assure la conduite, que ce soit ou non devant une cour ou un organe administratif, à l'exception, si la loi l'autorise, d'une rémunération liée au résultat et de privilèges en garantie des honoraires. [75]

Le fait qu'un avocat soit payé par un tiers ne doit pas affecter son indépendance ni son jugement professionnel dans sa prestation de service au client. L'indépendance d'un avocat nécessite également que le processus d'admission d'un avocat au barreau, la discipline professionnelle et, d'une manière générale, la vigilance sur la profession, soient organisés et gérés de façon à garantir un exercice de la profession juridique libre d'influence indue ou déplacée, que celle-ci relève du gouvernement, de la magistrature ou autre. Quelles sont les implications internationales ?[76]

---

[75] BEDDIAR Fathi, Tolérance Zéro, La justice expéditive au cinéma, Paris, Baazar and Co, 2008.

[76] BARSON Michael, Flywheel, Shister and Flywheel, The Marx Brothers'lost radio show, New York, Pantheon Books, 1988.

c) Implications internationales

Si les principes d'indépendance des avocats et de la profession juridique sont incontestés dans toutes les juridictions qui adhèrent et s'efforcent d'améliorer la règle de droit, les cadres règlementaires et organisationnels varient considérablement d'une juridiction à l'autre. Dans certaines juridictions, les barreaux jouissent d'une autonomie réglementaire particulière au plan statutaire et parfois constitutionnel. Dans d'autres, la pratique juridique est administrée par la branche judiciaire du gouvernement et/ou par des entités publiques ou des agences réglementaires.

Les différents systèmes d'organisation et de réglementation de la profession juridique devraient garantir non seulement l'indépendance des avocats praticiens mais aussi l'exercice de la profession d'une manière qui soit, elle-même, conforme à la règle de droit. C'est pourquoi, les décisions des barreaux devraient être soumises à un mécanisme de surveillance approprié. La question de savoir dans quelle mesure il est possible de justifier l'ingérence gouvernementale et législative dans l'administration et l'exercice de la profession juridique reste débattu.

Les avocats et les barreaux devraient aspirer et s'efforcer de préserver la véritable indépendance de la profession juridique et encourager les gouvernements à éviter et à contrecarrer les défis posés à la règle de droit.

Certaines juridictions estiment que certains types d'activités et la gestion de certaines affaires par des membres du barreau sont incompatibles avec une pratique indépendante ; d'autres n'y voient aucun conflit. Concernant l'emploi d'un avocat admis au Barreau, certaines juridictions consentent à un avocat le droit d'être recruté par un autre avocat ou par un tiers (avocat-conseil en interne ou conseil en entreprise) alors que d'autres l'interdisent.

Parmi les juridictions qui autorisent le recrutement d'un avocat, certaines ne reconnaissent les privilèges propres à un avocat (protection de l'indépendance et de la confidentialité) que dans les affaires où l'avocat travaille pour un client autre que son employeur, tandis que d'autres juridictions accordent cette protection même dans le cadre du travail accompli pour l'employeur. Il conviendrait de tenir compte des différences en matière de compétence dans les situations impliquant une pratique transfrontalière ou faisant intervenir de multiples juridictions.

Chaque avocat est appelé à respecter les règles de déontologie professionnelle applicables à la fois dans sa juridiction d'origine et dans celle d'accueil (double déontologie) lorsqu'il exerce hors de la juridiction dans laquelle il a été admis à exercer.

Chaque cabinet international devra analyser si l'ensemble de son organisation respecte ces règles dans chacune des juridictions dans lesquelles il est établi ou dans lesquelles il fournit des services juridiques. Il manque encore un cadre qui soit universellement accepté permettant d'établir la conduite appropriée dans l'éventualité de règles conflictuelles ou incompatibles, bien que certaines juridictions aient adopté des principes de conflits de lois en vue d'établir quelles règles de conduite professionnelle s'appliquent à la pratique transfrontalière. Le point suivant porte sur la probité, l'intégrité et l'équité.

2. Probité, intégrité et équité

Il y a à évoquer le principe général, la note explicative et les implications internationales.

a. Principe général

L'avocat doit faire preuve, à tout moment, de la plus haute probité, intégrité et équité à l'égard de ses clients, des tribunaux, de ses confrères et de tous ceux avec lesquels il est amené à établir un contact professionnel.

b. Note explicative

La confiance dans la profession juridique impose que chaque membre de la profession juridique soit un exemple d'intégrité, de probité et d'équité. Un avocat ne devra pas livrer sciemment de fausses déclarations de faits ou de droit pendant qu'il représente un client ni négliger de corriger une fausse déclaration autour d'un fait matériel ou d'un point de droit qu'il aurait précédemment livrée. Les avocats se doivent d'être professionnels avec leurs clients, d'autres parties et conseils, les cours, le personnel des tribunaux et le public.

Cette obligation inclut la politesse, l'intégrité professionnelle, la dignité personnelle, la probité, la diligence, le respect, la courtoisie et l'entraide, des qualités qui sont essentielles à une administration équitable de la justice et au règlement des conflits. Même s'ils sont souvent amenés à s'acquitter de leurs devoirs dans un contexte litigieux, les avocats devraient garder à l'esprit qu'ils ne sont pas censés traiter la cour, d'autres avocats ou le public avec hostilité. Il est vrai, néanmoins, que les attitudes attendues diffèrent selon qu'il s'agit du client, de la cour ou d'un confrère puisque l'avocat a des responsabilités différentes envers chacun d'eux. L'expression de ces responsabilités varie d'une juridiction à l'autre. Quelles sont les implications internationales? [77]

---

[77] ANTONOWICZ Gilles, Jacques Isorni, Paris, Éditions France-Empire, 2007.

a) Implications internationales

Un avocat qui comparaît devant une cour ou qui, a affaire à une cour ou à un tribunal, doit se conformer aux règles appliquées par ladite cour ou ledit tribunal. La coopération transfrontalière entre avocats de différentes juridictions exige de respecter les différences pouvant exister entre leurs systèmes juridiques respectifs et les règles correspondantes réglementant la profession juridique.

Un avocat qui accomplit une mission professionnelle dans une juridiction dans laquelle il n'est pas membre à part entière de la profession locale doit respecter strictement la loi applicable et les normes d'éthique professionnelle de la juridiction dont il est membre à part entière, et il n'exercera que dans la mesure autorisée par la juridiction d'accueil et sous réserve de respecter toutes les lois applicables et les règles éthiques de la juridiction d'accueil.

Que retenir du conflit d'intérêt.

3. Conflit d'intérêt

Je parle du principe général, de la note explicative et des implications internationales.

a. Principe général

L'avocat s'abstiendra d'accepter un mandat lorsque les intérêts du client s'opposent aux siens, à ceux d'un autre avocat du même cabinet ou à ceux d'un autre client, à moins que la loi, les règles de déontologie professionnelle applicables ou encore le client, pour autant que cela soit permis, n'y autorisent.

Que retenir de la note explicative ?

b. Note explicative

La confiance envers la profession juridique et la règle de droit et l'assurance qui en émane dépendent de la loyauté d'un avocat à l'égard de ses clients. Les règles relatives au conflit d'intérêt varient d'une juridiction à l'autre. La définition de ce qui constitue un conflit varie, elle aussi, d'une juridiction à l'autre, notamment (mais sans que cela soit exhaustif) sur la question de savoir si les barrières à l'information sont autorisées ou non et si les interdictions portant sur le conflit d'intérêt s'appliquent à l'ensemble du cabinet juridique ou si des barrières à l'information peuvent aider.

D'une manière générale, un avocat ne doit pas représenter un client dès lors que la représentation comporte un conflit d'intérêt. Il y a conflit d'intérêt lorsque la représentation d'un client est directement préjudiciable à un autre client ou s'il existe un risque significatif que la représentation d'un ou de plusieurs clients se trouve fondamentalement limitée par les responsabilités de l'avocat à l'égard d'un autre client, d'un ancien client, d'un tiers ou de son propre intérêt personnel.[78]

Malgré l'existence d'un conflit d'intérêt, dans certaines juridictions, un avocat peut représenter le client si l'avocat a raison de croire qu'il sera en mesure d'assurer une représentation compétente et diligente à chacun des clients concernés, si la représentation n'est pas interdite par la loi, si la représentation n'implique pas l'introduction d'une instance par un client contre un autre client représenté par l'avocat dans le cadre du même contentieux ou d'une autre procédure devant un tribunal et si chaque client impliqué donne son consentement éclairé, confirmé par écrit.

Un avocat qui a déjà représenté un client dans une affaire, ou dont le cabinet actuel ou ancien cabinet a déjà assuré la représentation d'un client dans une affaire, s'abstiendra d'utiliser des informations liées à la représentation aux dépens de l'ancien client, sauf lorsque la loi applicable ou les règles d'éthique le permettent.[79]

Dans certaines juridictions, certaines situations potentiellement conflictuelles peuvent être autorisées sous réserve qu'elles fassent l'objet de déclarations appropriées et, dans la mesure consentie par la loi applicable ou les règles d'éthique, d'un assentiment de toutes les parties impliquées, restant entendu qu'il puisse être procédé aux déclarations sans enfreindre les obligations de confidentialité. Sans préjudice de devoirs supplémentaires, si un conflit ne se manifeste qu'après que l'avocat ait commencé à travailler, certaines juridictions imposent à l'avocat concerné par le conflit de se retirer entièrement de l'affaire et ce, à l'égard de tous les clients concernés ; d'autres n'imposent que de cesser de représenter un client mais pas l'ensemble d'entre eux.

De plus, le conflit d'intérêt dans la pratique juridique et professionnelle doit être clairement distingué du conflit d'intérêt d'ordre commercial. Un avocat devrait être en droit de défendre les intérêts d'un client ou de représenter celui-ci dans une affaire, même si le client est un concurrent, ou que les intérêts de ce dernier sont en conflit avec les intérêts commerciaux d'un autre client actuel ou ancien, lequel n'est pas impliqué ni n'a de liens avec l'affaire particulière qui a été confiée à l'avocat.

De même, un avocat peut défendre les intérêts d'un client ou représenter celui-ci contre un autre client dans toute circonstance où ce dernier aurait

---

[78] ALLAIS Alphonse, Les contes du chat noir, Paris, Belfond, 1965.

[79] Alain, Propos, Paris, Gallimard, 1956.

choisi, que ce soit dans le cadre de la négociation d'un contrat ou d'une action en justice ou d'un arbitrage, de confier ses intérêts portant sur ces affaires-là à un autre avocat ; cependant, en pareil cas, le premier avocat devra respecter toutes les autres règles applicables en matière de déontologie professionnelle, notamment les règles de confidentialité, de secret professionnel et d'indépendance.[80]

En défendant les intérêts des clients, les avocats ne doivent pas tolérer que leurs propres intérêts s'opposent ou se substituent à ceux de leur client. Un avocat s'abstiendra d'exercer toute influence indue dont il tirerait parti lui-même, plutôt que son client. Un avocat ne doit pas accepter d'instructions ni continuer d'agir pour un client dès lors qu'il s'apercevrait que les intérêts du client dans la procédure sont incompatibles avec ses propres intérêts. Quelles sont les implications internationales à rappeler. [81]

c. Implications internationales

Les différences au niveau des règles nationales relatives au conflit d'intérêt devront être prises en compte dans toute affaire de pratique transfrontalière. Chaque avocat est appelé à respecter les règles correspondantes relatives au conflit d'intérêt lorsqu'il exerce en dehors de la juridiction dans laquelle il est admis à exercer. Chaque cabinet international devra analyser si l'ensemble de son organisation respecte ces règles dans chacune des juridictions dans lesquelles il est établi et dans lesquelles il fournit des services juridiques.

Il manque encore un cadre qui soit universellement accepté permettant d'établir la conduite appropriée dans l'éventualité de règles en conflit ou incompatibles, bien que certaines juridictions aient adopté des principes de conflit des lois en vue d'établir quelles règles de conduite professionnelle s'appliquent à la pratique transfrontalière. [82]

Que retenir de la confidentialité ?

4. Confidentialité/Secret professionnel

Sont évoqués le principe général ; la note explicative et les implications internationales.

a) Principe général

---

[80]BADINTER Robert, L'exécution, Paris, Grasset et Fasquelle, 1973.

[81] BEDDIAR Fathi, Tolérance Zéro, La justice expéditive au cinéma, Paris, Baazar and Co, 2008.

[82] BREDIN Jean-Denis et Levy THIERRY, *Convaincre, dialogue sur l'éloquence*, Paris, Odile Jacob, 1997.

L'avocat doit, à tout moment, assurer la confidentialité des affaires de ses clients actuels et de ses anciens clients, et doit pouvoir bénéficier de la protection propre à cette confidentialité, à moins que la loi ou les règles de déontologie professionnelle applicables autorisent ou imposent autrement. Que retenir de la note explicative?[83]

b) Note explicative

Le droit et le devoir d'un avocat de préserver la confidentialité des informations qu'il reçoit et des conseils qu'il donne aux clients est une composante indispensable de la règle de droit et un autre élément essentiel à la confiance du public dans l'administration de la justice et dans l'indépendance de la profession juridique ainsi qu'à l'assurance qui en émane.[84]

Les principes de confidentialité et de secret professionnel présentent deux caractéristiques principales. D'une part, l'avocat est astreint au devoir contractuel, éthique et souvent statutaire de préserver la confidentialité des secrets du client. Le devoir statutaire revêt parfois la forme d'un privilège de droit de réserve, sur certains éléments de preuve, attaché à la relation qui s'instaure entre l'avocat et son client ; cela diffère des obligations de l'avocat en vertu des règles de déontologie professionnelle applicables. Ces obligations se prolongent au-delà de la résiliation de la relation avocat-client.[85]

La plupart des juridictions respectent et préservent ces obligations de confidentialité ; par exemple, en dispensant l'avocat du devoir de témoigner devant les cours et autres autorités publiques au sujet d'informations que l'avocat a recueillies auprès des clients, et/ou en assurant à la communication avocat-client une protection spéciale. D'autre part, il existe des situations manifestes dans lesquelles les principes de confidentialité et de secret professionnel de la communication avocat-client ne s'appliquent plus, que ce soit en tout ou partie.

Les avocats ne peuvent invoquer la protection de la confidentialité lorsqu'ils assistent et qu'ils favorisent la conduite illicite de leurs clients.[86]

Certaines juridictions permettent également à un avocat, ou lui imposent, de révéler des informations concernant la représentation d'un client dans la mesure estimée raisonnablement nécessaire par l'avocat pour prévenir des

---

[83] BULLIER Antoine, La Common Law, Paris, Dalloz, « *Connaissance du droit* », 2007.

[84] CONNELLY Michael, The Lincoln Lawyer, Londres, Little, Brown and Company, 2005, trad. fr. Robert Pépin, *La défense Lincoln,* Paris, Seuil, 2006.

[85] COURTELINE Georges, *Un client sérieux*, Paris, Librairie théâtrale, 1992.

[86] CRAY David, BAD Lawyer, New York, Otto Penzler Booeks, 2000, Avocat criminel, trad. fr. Monique Lebailly, Paris, Payot et Rivages, « Rivages Noir », 2004.

crimes raisonnablement certains se traduisant par un décès ou un préjudice corporel majeur, ou pour éviter que le client ne commette un tel crime, ce pourquoi, d'ailleurs, le client a fait appel ou fait appel aux services de l'avocat. La législation récente, qui impose aux avocats des devoirs particuliers dans le but de contribuer à la prévention de phénomènes criminels comme les actes de terrorisme, le blanchiment d'argent ou le crime organisé, a davantage érodé la protection du devoir de confidentialité des avocats. [87]

De nombreux barreaux s'opposent, en principe, à la portée de cette législation. Toute entorse au devoir d'un avocat devrait être limitée aux informations qui sont absolument indispensables pour qu'un avocat puisse satisfaire à ses obligations légales ou pour empêcher que les avocats soient, à leur insu, abusés par des criminels qui les manipulent en vue de faciliter leurs objectifs. Hormis ces deux cas de figure, si une personne suspectée d'une infraction passée fait appel aux conseils d'un avocat, le devoir de confidentialité devrait être entièrement protégé. Toutefois, un avocat ne peut invoquer la confidentialité ou le secret professionnel dans des circonstances où il agirait comme complice d'une infraction.

L'étendue de la protection et son extension géographique varient parmi les juridictions. Dans certaines juridictions, les clients peuvent renoncer à l'obligation de confidentialité et du secret professionnel d'un avocat mais ne le peuvent pas dans d'autres. Dans certaines juridictions, l'obligation peut être rompue à des fins de légitime défense dans le cadre de procédures judiciaires. En dehors de la renonciation du client, de la légitime défense évoquée et de toute prescription aux termes de la loi, l'obligation de confidentialité et du secret professionnel d'un avocat est généralement illimitée dans le temps.[88]

Cette obligation s'applique également aux assistants, stagiaires et à l'ensemble du personnel du cabinet juridique. En tout état de cause, les avocats ont le devoir de faire en sorte que ceux qui travaillent dans le même cabinet juridique, quelle que soit leur fonction, préservent l'obligation de confidentialité et de secret professionnel. Les avocats devraient également veiller au respect de la confidentialité et du secret professionnel dans le cadre des communications électroniques et des données conservées dans les ordinateurs.

Dans ce domaine, les normes évoluent tout comme évolue la technologie elle-même, et les avocats sont dans l'obligation de se tenir à jour sur les

---

[87] COLLIGNON Jean-Guy, Les juristes en Union soviétique, Paris, Éditions du CNRS, 1977.
[88] CRESSON M., Usages et règles de la profession d'avocat, Paris, 1888.

normes professionnelles requises de manière à continuer de satisfaire à leurs obligations professionnelles. [89]

Suivant les différentes règles qui existent dans les différentes juridictions, la mesure dans laquelle un client peut renoncer au droit de confidentialité varie. Ces règles, qui limitent la faculté de renoncer, mettent en avant le fait que, bien souvent, les clients ne sont pas en mesure d'apprécier correctement les désavantages liés à une telle renonciation. [90]

Les restrictions portant sur les renonciations recouvrent une importance capitale dès lors qu'il s'agit d'assurer une protection contre un tribunal ou une autorité gouvernementale qui exercerait une pression inappropriée sur un client pour que celui-ci renonce à son droit à la confidentialité. Enfin, les avocats ne devraient pas tirer parti des secrets qui leur sont confiés par leurs clients. [91]

c) Implications internationales

Bien que les différents régimes régissant le devoir de confidentialité et la protection de ce dernier poursuivent manifestement une finalité commune, les règles nationales varient considérablement. Si les pays de droit romano-germanique autorisent et obligent un avocat à ne pas témoigner et protègent l'avocat de la perquisition et de la saisie, les pays de Common Law protègent la confidentialité de certains échanges de la communication avocat-client même en présence, par exemple, d'une correspondance privilégiée avec un client soupçonné d'avoir commis un délit pénal.[92]

Les avocats qui exercent une pratique transfrontalière et les cabinets juridiques internationaux doivent rechercher toutes les règles pouvant être pertinentes et veiller à ce que les informations auxquelles ils ont accès et les communications qu'ils échangent jouissent, de fait, de la protection de confidentialité.[93]

D'une manière générale, les règles nationales de toutes les juridictions concernées doivent être respectées (double déontologie). Mais, parfois, les règles nationales n'abordent pas la manière dont les règles conflictuelles devraient être traitées. Si les règles conflictuelles sont globalement semblables, il conviendra de s'en tenir à la règle plus stricte.

---

[89] DALLE Hubert et SOULEZ LARIVIERE Daniel (dir.), Notre justice. Le livre vérité de la justice française, Paris, Robert Laffont, 2002.

[90] DANET Jean, Défendre, pour une défense pénale critique, Paris, Dalloz, « Regards sur la justice », 2e éd., 2004.

[91] DANOVI Remo, L'immagine dell'Avvocato e il suo riflesso, trad. fr. Mathilde Schiltz, L'avocat et le reflet de son image, Bruxelles, Bruylant, 2e éd., 1999.

[92] DAYEZ Bruno, Justice et cinéma, Louvain-la-Neuve, Anthemis, 2007.

[93] DERSHOWITZ Alan, The adovcate's devil, New York, Warner Books, 1994, trad. fr. C. Richard, Le démon de l'avocat, Paris, Grasset, « Grand format », 1996.

Il n'existe pas, cependant, de solution universellement acceptée pour les situations dans lesquelles les règles se contrediraient l'une l'autre (c'est le cas de la protection du secret par rapport à l'obligation de déclaration), bien que certaines juridictions aient adopté les principes de conflit de lois pour établir quelles règles de conduite professionnelle s'appliquent à la pratique transfrontalière.[94]

De manière analogue, les règles nationales relatives à la faculté d'un client de renoncer à la confidentialité varient, et la ou les règles applicables devront être établies individuellement au cas par cas. Le fait que certaines juridictions permettent de recruter un avocat admis au barreau alors que d'autres interdisent de recruter un avocat-conseil en interne appelle une attention internationale particulière. [95]

La question se pose alors de savoir comment des juridictions qui ne reconnaissent pas à l'avocat-conseil en interne le devoir de confidentialité, que ce soit en tout ou en partie, traitent l'avocat-conseil en interne étranger qui, lui, bénéficierait de cette protection dans sa juridiction d'origine. Que dire de l'intérêt du client?[96]

5. Intérêts du client

Je parle du principe général et de la note explicative.

a. Principe général

L'avocat accordera aux intérêts du client la plus haute importance, sous réserve qu'ils ne soient pas incompatibles avec les devoirs de l'avocat vis-à-vis de la cour et avec les intérêts de la justice et en veillant, toujours, à respecter la loi et à préserver les règles d'éthique. Quelle note explicative ?

b. Note explicative

Cela veut dire que, chaque fois qu'ils interagissent avec les cours, à l'écrit ou verbalement, ou qu'ils donnent des instructions à un avocat plaidant pour le compte d'un client, les avocats devraient agir dans un souci de compétence et de probité. Les avocats devraient servir leurs clients avec compétence, diligence, célérité et sans contrevenir à leur devoir envers la cour. Ils devraient traiter avec leurs clients sans être influencés par un intérêt quelconque pouvant être incompatible avec les meilleurs intérêts du client, et ce, en s'engageant et en se dédiant à l'intérêt du client.

---

[94] DWORKIN Ronald, Taking Rights seriously, Harvard, Harvard University Press, 1977, trad. fr. J.-M. Rossignol et F. Limare, Prendre les droits au sérieux, Paris, PUF, 1995.

[95] EISNER Lotte H., Fritz Lang, Londres, Martin Secker and Warburg, 1984, trad. fr. Bernard Eisenschitz, Fritz Lang, Paris, Petite bibliothèque des Cahiers du cinéma, 2005

L'avocat devrait poursuivre une affaire pour le compte de son client en dépit de toute opposition, obstruction ou inconvénient personnel qu'il pourrait avoir, et prendre toute mesure légitime et éthique éventuellement requise pour défendre l'affaire ou une entreprise du client. [97]

Les avocats devraient préserver la confidentialité. Ils devraient aussi fournir à leurs clients toutes les informations pertinentes, afin de protéger les intérêts de ces derniers et de les conseiller avec compétence, sous réserve d'une loi ou règle éthique qui en disposeraient autrement. Les avocats doivent se garder d'adopter une conduite, ou d'assister leur client qui adopterait une conduite visant à tromper la cour ou à compromettre l'intérêt de la justice, ou à délibérément enfreindre la loi.

Le devoir des avocats de préserver les intérêts des clients débute dès le versement d'une provision à valoir pour leurs services et se poursuit jusqu'à ce qu'ils soient effectivement déchargés de l'affaire ou que la matière faisant l'objet du contentieux soit intégralement et définitivement portée à terme.

Pendant ce temps, ils sont tenus d'adopter les mesures et d'exercer l'attention normale que les intérêts des clients peuvent exiger. Même si la loi applicable d'une juridiction ne l'impose pas, il est de bonne pratique parmi les avocats dans de nombreuses juridictions de veiller à s'assurer, dans l'intérêt de leurs clients, de disposer d'une couverture d'assurance adéquate contre toute demande fondée sur la négligence ou sur la faute professionnelle.

Les lignes ci-dessous portent sur l'engagement de l'avocat.

6. Engagement de l'avocat

Je parle du principe général et de la note explicative.

a) Principe général

L'avocat se doit d'honorer tout engagement pris au cours de de l'exercice de sa profession dans le respect des délais jusqu'à ce qu'il s'en acquitte, qu'il en soit dispensé ou déchargé. Quelle note explicative dégager ?

b) Note explicative

L'engagement d'un avocat est une promesse, un devoir, une convention et une responsabilité personnelle ainsi qu'une obligation professionnelle et juridique. C'est pourquoi, l'avocat doit faire preuve d'extrême prudence lorsqu'il prend et qu'il accepte un engagement.

---

[97] ESMEIN A., Histoire de la procédure criminelle en France et spécialement de la procédure inquisitoire depuis le *XIIIe* siècle jusqu'à nos jours, Paris, Laros et Facel, 1882.

L'avocat ne peut prendre d'engagement pour le compte d'un client s'il n'a pas été mandaté au préalable pour ce faire, à moins qu'un autre avocat représentant ce client ne le lui demande. L'avocat ne devrait pas prendre ou solliciter d'engagement qui ne peut être rempli, et doit être vigilant à cet égard.

Pour cela, il faut qu'un avocat soit parfaitement à même d'apprécier sa capacité de remplir tout engagement pris. Idéalement, l'avocat devrait confirmer par écrit son acceptation d'un engagement en des termes clairs, non ambigus, et rapidement; si l'avocat ne souhaite pas engager sa responsabilité personnelle, il doit le préciser clairement dans son engagement écrit.

Violer un engagement affecte à la fois la réputation de l'avocat concerné en qualité de professionnel honorable et digne de confiance et la réputation et la fiabilité de la profession juridique dans son ensemble. Dans les juridictions qui ne reconnaissent pas l'engagement tel qu'il a été décrit ici, les avocats devraient néanmoins faire preuve, lorsqu'ils s'engagent, de la même prudence extrême qui est illustrée ci-dessus. Les lignes ci-dessous évoquent la liberté du client. [98]

7. Liberté du client

J'évoque le principe général et la note explicative.

a. Principe général

L'avocat se doit de respecter la liberté du client de se faire représenter par un avocat de son choix. À moins que les règles de déontologie professionnelle ou la loi ne l'en empêchent, l'avocat est libre d'accepter ou de refuser une affaire. Quelle note explicative évoquée ?

b. Note explicative

Le client peut donner des instructions ou déléguer son avocat pour qu'il transmette tous les documents et les dossiers à un autre avocat. L'avocat est astreint à l'obligation d'honorer les instructions ou le mandat reçu, sous réserve de tout droit légitime de rétention ou de privilège. L'avocat ne devrait pas cesser de représenter un client si ce n'est pour juste motif ou, en tout état de cause, moyennant préavis raisonnable au client, et il doit veiller à nuire le moins possible aux intérêts du client et (si approprié ou requis) à s'assurer de la permission de la cour.

[98] FERENCZI Aurélien, Fritz Lang, Paris, Cahiers du cinéma-Le monde, « Grands cinéastes », 2007.

L'avocat devrait faire tout ce qui est raisonnable pour atténuer les conséquences d'un changement d'instructions.

Il faut protéger les biens du client et de tiers.[99]

8. Protection des biens du client et de tiers.

Ici au aussi j'ai jugé opportun de rappeler le principe général et la note explicative.

a) Principe général

L'avocat se doit de veiller avec diligence sur tous biens des clients ou de tiers qu'il détient en fiducie ainsi que d'en justifier rapidement et fidèlement les comptes, et il veillera à ce que ces biens restent toujours séparés de ses propres biens.

b) Note explicative

L' avocat doit garder les biens des clients ou de tiers, qui sont en sa possession dans le cadre d' une représentation, séparés de son activité ou de ses biens personnels. Les fonds du client ou de tierces parties devraient ê tre gardés sur un compte bancaire distinct et ne pas être mêlés aux fonds de l' avocat lui-même.

Les biens autres que des fonds devraient être identifiés en tant que tels et adéquatement préservés. L'avocat doit garder une documentation complète de ces fonds et autres biens, qu'il conservera après avoir mis fin à son mandat de représentation aussi longtemps que la loi ou les règlements professionnels applicables l'imposent. [100]

L'avocat devrait vérifier l'identité, la compétence et l'autorité de la tierce personne qui procède au transfert de la possession des biens ou des fonds. Sur réception de fonds ou d'autres biens sur lesquels un client ou une tierce personne détient un intérêt, l'avocat devra en informer promptement le client ou la tierce personne.

Sauf dans la mesure où la loi le permet ou dans le cadre d'un accord avec le client, l'avocat livrera sans délai au client ou au tiers tout fond ou autre bien que le client ou le tiers est en droit de recevoir et, sur requête du client ou du tiers, il établira promptement un relevé de comptes complet concernant lesdits biens. L'avocat ne peut utiliser les biens d'un client ou les fonds d'un client pour compenser un paiement en souffrance ou pour porter ces derniers en déduction d'un paiement de ses honoraires ou frais

[99] FERRIERE Cl. J. de, Dictionnaire de droit et de pratique, 1740.
[100] FERRO Marc, Cinéma et histoire, Paris, Gallimard, « Folio histoire », 1993.

professionnels à moins qu'il n'y soit autorisé par la loi ou, par écrit, par le client.

Que retenir de la compétence ?

9. Compétence

J'évoque le principe général et la note explicative.

a. Principe général

L'avocat accomplira son travail avec compétence et célérité. S'il a des raisons de penser qu'une tâche ne pourra être accomplie de cette façon, l'avocat s'abstiendra de l'assumer.

b. Note explicative

En tant que membre de la profession juridique, l'avocat est présumé avoir acquis les connaissances, être compétent et capable d'exercer la pratique juridique. En conséquence, le client est en droit de supposer que l'avocat a la compétence et les capacités pour gérer correctement toutes les questions juridiques dont ce dernier doit s'occuper pour son compte ou pour prendre les dispositions pour que quelqu'un d'autre, soit qu'il travaille au sein du cabinet juridique soit qu'il soit extérieur à ce dernier, le fasse.

La compétence repose sur des principes à la fois d'ordre éthique et juridique. Elle n'implique davantage qu'une compréhension des principes juridiques : elle implique une connaissance adaptée de la pratique et des procédures au travers desquelles ces principes peuvent être appliqués efficacement, et met en œuvre des stratégies compétentes et efficaces de gestion du client, du dossier et de la pratique.

L'avocat doit tenir compte de la suggestion d'un client visant à obtenir d'autres opinions dans une affaire complexe ou auprès d'un spécialiste, sans pour autant voir dans ces requêtes la manifestation d'un manque de confiance.

Que dire des honoraires ?[101]

10. Honoraires

Quel en est le principe général et la note explicative ?

a. Principe général

L'avocat a droit à des honoraires raisonnables pour son travail et s'abstiendra d'appliquer des honoraires extravagants. L'avocat s'abstiendra d'engendrer du travail superflu. Quelle note explicative évoquer ?

---

[101] GARAPON Antoine, Le gardien des promesses, Paris, Odile Jacob, 1996.

b. Note explicative

10.Un avocat peut prétendre à des honoraires pour les services rendus dans le cadre d'un accord contractuel ou par application d'émoluments tarifés.

L'avocat doit établir avec le client une convention claire et transparente de détermination des honoraires, assortie des instructions à donner et à recevoir. Si la loi ou les règles de déontologie professionnelle applicables le permettent, la convention d'honoraires peut prévoir une clause de limitation de responsabilité de l'avocat. Quelle que soit la base sur laquelle est établie la convention d'honoraires, celle-ci doit être raisonnable.

Le caractère raisonnable est normalement déterminé en fonction de la nature de la mission, de sa difficulté, du montant impliqué, de l'ampleur du travail à accomplir et d'autres critères adaptés.[102]

L'avocat s'efforcera de parvenir à une résolution du litige du client dans un souci d'efficacité des coûts. L'avocat présentera ses factures conformément à l'accord conclu avec le client et aux règles d'émoluments tarifiés, le cas échéant. Si cela est autorisé, l'avocat peut demander le versement d'une provision raisonnable à valoir sur ses frais et honoraires attendus à titre de condition préalable à la prise en charge ou à la poursuite de son travail. Ainsi qu'évoqué au niveau du Principe 7, l'avocat peut détenir un droit légitime de rétention ou de privilège si le client donne instruction à l'avocat de transférer tous les documents et les dossiers à un autre avocat.

L'avocat doit également tenir séparés de sa propre activité ou de ses biens personnels tous honoraires et frais juridiques qu'un client aurait payés d'avance, lesquels ne seront prélevés par l'avocat qu'au fur et à mesure qu'il s'acquitte de ces honoraires et qu'il encourt les frais correspondants. Si un litige survient entre le client et son avocat concernant le droit de l'avocat de prélever des fonds au titre de frais ou d'honoraires, alors, suivant la loi applicable, la part litigieuse des fonds devra être mise de côté tant que le litige n'aura pas été réglé.

La part non contestée des fonds sera versée sans délai au client. Si un avocat recrute ou fait appel à un autre avocat pour gérer une affaire, le client et les avocats impliqués devront préciser clairement, à l'avance, la question de la responsabilité du paiement des frais et des honoraires de cet autre avocat. À défaut et en fonction de la loi applicable, l'avocat ayant fait appel

---

[102] GARAPON Antoine et PAPADOPOULOS Ioannis, Juger en Amérique et en France, Paris, Odile Jacob, 2003.

à un autre avocat peut être tenu pour redevable des honoraires et des frais de l'autre avocat.[103]

Conclusion

En ce qui concerne les implications internationales, lors de la pratique transfrontalière, l'avocat doit vérifier si les conventions d'honoraires, les paiements de provisions et les limitations de responsabilité sont autorisés au regard de toutes les règles applicables et, le cas échéant, des règles qui régissent la responsabilité des honoraires d'autres avocats pouvant être impliqués. En particulier, la rémunération liée au résultat, ou pacte de quota litis, est autorisée dans certaines juridictions à condition de satisfaire à certains prérequis mais elle est interdite dans d'autres juridictions dans le cadre d'une politique d'intérêt public. [104]

Dans certaines juridictions, il est inconvenant qu'un avocat demande à un autre avocat ou tiers de régler ses honoraires ou qu'un avocat paye les honoraires d'un autre avocat ou tiers pour du travail dont le premier l'aurait chargé. Que dire de la profession d'avocat en République Démocratique du Congo?[105]

---

[103] GARAPON Antoine et SALAS Denis (dir.), Imaginer la loi, Paris, Michalon, « Le Bien commun », 2008.

[104] GARNOT Benoît, Histoire de la justice, France, *XVIe-XXIe* siècle, Paris, Gallimard, « Folio-Histoire », 2010.

[105] GAUDEMET Henri, Les juristes et la vie politique de la III*e* République, Paris, PUF, 1970.

Chapitre 4

De la profession d'avocat en République Démocratique du Congo

Ce chapitre a pour matrice la profession d'avocat en République Démocratique du Congo. Il est organisé en deux sections. La première porte sur l'aperçu général. La seconde parle de la fonction du barreau.

Section 1. Aperçu général

L'histoire de la profession avocat en République Démocratique du Congo remonte à la création de l'État indépendant du Congo en 1885, sous la forme de mandataires. Les "Barreaux" sont officiellement institués en 1930. La profession a connu plusieurs phases de développement, notamment avec les ordonnances-lois de 1968 et 1979. Le premier avocat congolais a été inscrit au tableau en 1963, et le Barreau a été complété par la création de l'Ordre National des Avocats en 1987.[106]

Sont traitées ici la mission d'avocat et les conditions d'accès à la profession.

1.1. Mission de l'avocat

En droit congolais, il existe trois catégories de professionnels jouissant du monopole de l'assistance et de la représentation des parties en justice. Il s'agit des avocats, des défenseurs judiciaires et des mandataires de l'Etat.

L'avocat a comme mission principale et légale celle de : assister ou représenter les parties devant les juridictions, les administrations, les services publics ou privés ; plaider les causes des parties, postuler et conclure, consulter, conseiller, concilier et rédiger des actes sous seing privé.[16]

Quelles sont les conditions d'accès à la profession d'avocat ?

1.2. Conditions d'accès à la profession

L'article 7 de la loi organique du barreau fixe les cinq conditions à remplir pour accéder au barreau à savoir : la nationalité, le diplôme, la moralité et la dérogation à la condition de moralité.

---

[106] GOLDING Gordon, Le procès du singe: la Bible contre Darwin, Bruxelles, Éditions Complexe, 2006.

1.2.1. De la nationalité

En ce qui concerne la condition de la nationalité congolaise du candidat au barreau, le rapport au Président de la République sur la loi organisant le barreau dit ceci : « les conditions d'accès à la profession ont été définies de manière à tenir compte non seulement des habitudes internationales qui réservent l'exercice de la profession aux seuls nationaux,... »[17]

L'article 7.1 de la loi pose comme première condition : « être de nationalité congolaise ». Il découle de ces deux textes que la profession d'avocat en RDC est réservée exclusivement aux nationaux. Pour y accéder, le candidat doit être de nationalité congolaise. Il est tenu de prouver cette nationalité en produisant un certificat de nationalité délivré par le Ministre de la Justice et Garde des Sceaux.

Le même rapport au sujet des candidats de nationalité étrangère affirme que:

« ...les étrangers ne peuvent plus accéder à la profession d'avocat que dans la mesure où ils justifient que l'accès à cette profession est également ouvert au congolais dans leur pays », et pose de la sorte le principe de la réciprocité en cette matière.[107]

C'est ainsi que le texte de la loi en son article 7.1 édicte deux exceptions au principe d'exclusivité de la nationalité congolaise en stipulant que : « Toutefois, l'étranger pourrait accéder à la profession sous la condition de réciprocité ou en vertu des conventions internationales ». Au sujet de la condition de « réciprocité »[108], il faut entendre la réciprocité d'accès à la profession d'avocat, à savoir le fait de pouvoir se faire admettre en qualité d'avocat dans un barreau du pays du candidat récipiendaire de nationalité étrangère.[109]

En effet, la réciprocité d'exercice de la profession, à savoir le fait pour un avocat de nationalité étrangère de venir en RDC poser des actes professionnels ponctuels pour le compte d'un client, sans être installé comme avocat dans ce pays ne pose généralement pas de problème.

Peut être admis dans un barreau congolais sans devoir apporter la preuve de l'existence de la réciprocité ou d'une convention internationale entre son pays et la RDC. Tout réfugié, sur base de la convention relative au statut des réfugiés du 28 juillet 1951, de la convention de l'Organisation

---

[107] GRISHAM John, The Runaway Jury, John Grisham, 1996, trad. fr. Patrick Berthon, Le maître du jeu, Paris, Robert Laffont, 1998.

[108] (Art. 1 de la loi organique du barreau; Loi organique du barreau, rapport au Président de la République, JOZ, n°15 du 1er octobre 1979, p.5°)

[109] GRISHAM John, The Associate, New York, Double Day/Ramdon House, 2009, L'infiltré, trad. fr. Johan-Frédérick Hel Guedj, Paris, Robert Laffont, 2009.

de l'Unité Africaine du 10 septembre 1969 régissant des aspects propres aux problèmes des réfugiés en Afrique ou de la loi n°021-2002 du 16 octobre 2002 portant statut des réfugiés en RDC; tout apatride sur base de la Convention relative au statut des apatrides adoptées le 28 septembre 1954 par les Nations Unies. Il y a aussi le diplôme comme l'une des conditions d'accès au métier d'avocat. 110

1.2.2 Du diplôme

S'agissant des autres conditions générales, il est exigé la preuve d'ue formation universitaire complète avec une exception pour ceux qui avaient été formés par l'ancienne Ecole Nationale de Droit et d'Administration.

Aussi, l'article 7.2 de la loi décrète que : « être titulaire d'une licence ou d'un doctorat en droit délivré par l'ex Université Nationale du Zaïre ou par l'ancienne Ecole Nationale de Droit et d'Administration, ou d'un diplôme équivalent délivré par une université étrangère en justifiant en ce cas sa connaissance du droit congolais. Art. 7.1 de la loi organique du barreau

(Convention relative au statut des réfugiés du 28 juillet 1951, JO RDC, numéro spécial, avril 1999, p.80 ; Convention de l'Organisation de l'Unité Africaine du 10 septembre 1969, JO RDC, numéro spécial, 5 décembre 2002, p.269 ; Loi n°021-2002 du 16 octobre 2002 portant statut des réfugiés en RDC, JO RDC, numéro spécial, 01 novembre 2002, p.4 ; Loi du 12 mai 1960 portant approbation de la convention relative au statut ; Loi organique du barreau, Op.cit., p.5 ; Art. 7.2 de la loi organique du barreau).

Le législateur congolais a toujours exigé que toute personne qui veut exercer la profession d'avocat ne soit une personne faisant preuve d'une formation académique complète à la faculté de droit dans une université congolaise ou étrangère. Cette formation universitaire doit être sanctionnée par un diplôme de licence ou de doctorat en droit. Les barreaux n'admettaient que les porteurs de diplôme de licencié ou de docteur en droit, délivré par l'Université Lovanium et par l'Université Officielle du Congo, puis uniquement par l'Université Nationale du Zaïre ou par les universités étrangères.

C'est en l'an 2000 par la décision de principe n°003/CNO/RAPA/2000 du 14 mars 2000 en matière d'admission que le conseil national de l'ordre des avocats décide que les porteurs des diplômes de licence ou de docteur en droit délivrés par les universités privées, peuvent être admis aux barreaux à deux conditions : l'établissement universitaire qui les a délivrés doit jouir de la personnalité morale et le porteur d'un tel diplôme doit avoir préalablement réussi au test de connaissance du droit congolais.[25]

---

[110] GUERY Christian, Justices à l'écran, Paris, PUF, « Questions judiciaires », 2007.

Depuis cette décision, les barreaux congolais soumettent tous les candidats (congolais ou étrangers) aux barreaux porteurs d'un diplôme de licence ou de docteur en droit délivré par une université étrangère, au test de connaissance du droit congolais, tandis que les candidats congolais porteurs d'un diplôme de licence ou de docteur en droit délivré par un établissement congolais d'enseignement universitaire subissent un test d'admission au barreau portant sur les matières de droit congolais.

Par ailleurs, tout candidat porteur d'un diplôme de licence ou de docteur en droit, délivré par une université étrangère, outre qu'il doit avoir réussi au test de connaissance du droit congolais, il doit produire un arrêté du ministère de l'Enseignement Supérieur et Universitaire, établissant l'équivalence de son diplôme avec le diplôme congolais de licencie ou de docteur en droit. L'arrêté d'équivalence doit être pris par le ministre de l'éducation nationale sur proposition du bureau technique de la commission d'équivalence, comme le prescrit l'article 8 alinéa 2 de l'ordonnance loi n°66-293 du 14 mai 1966 portant régimes de l'équivalence et de la définition des niveaux d'études.[26]

A ne pas oublier que la moralité est une condition d'accès à la profession d'avocat.

1.2.3 De la moralité

Compte tenu de l'autorité morale et du prestige que la qualité d'avocat confère à chaque titulaire de cette qualité dans la société, on constate que le législateur est demeuré constant quant à l'exigence de la condition de moralité imposée à tout candidat au barreau. (Décision de principe n°003/CNO/RAPA/2000 du 14 mars 2000 en matière d'admission au barreau 26 Ordonnance loi n°66-293 du 14 mai 1966 portant régimes de l'équivalence et de la définition des niveaux d'études).

La loi organique de 1979 dispose que toute personne condamnée par une juridiction répressive pour des agissements contraires à l'honneur, à la probité et aux bonnes mœurs, de même que tout celui ayant été auteur des faits de même nature sans pour autant avoir été condamné pénalement, mais, qui dans l'exercice de sa profession a eu à subir une sanction disciplinaire ou administrative de destitution, de radiation ou de révocation, une telle personne n'est pas admissible au barreau.[111]

Tout candidat au barreau de réputation douteuse quant à sa moralité sur les points de l'honneur, de la probité ou de bonnes mœurs, même s'il n'a jamais été condamné au pénal, ni subi une sanction disciplinaire ou

[111] HENAFF Marcel, Le prix de la vérité. Le don, l'argent, la philosophie, Paris, Seuil, « La couleur des idées », 2002.

administrative quelconque dans l'exercice de sa profession, n'est pas admissible au barreau sur base de la disposition légale.

L'exigence de la bonne moralité dans le chef du candidat au barreau imposée par la loi fait que les barreaux congolais refusent d'admettre des personnes qui dans leur profession antérieure ont été déclarées en faillite ou ont fait banqueroute, ou exercé la profession d'agent d'affaires, car leur sens de l'honneur ou de la probité ou de la dignité peut être mis en doute.

Que retenir de la dérogation à la condition de moralité ?

1.2.4..De la dérogation à la condition de moralité

Il y a l'amnistie, la réhabilitation et l'autorisation du Ministre de la justice.

1.2.4.1. Amnistie

L'amnistie est une institution juridique par laquelle la société relègue dans l'oubli, les mesures et les condamnations de caractère pénal dont elle ne voudrait plus se souvenir.

En d'autres termes, l'amnistie est une mesure qui ôte rétroactivement à certains faits commis à une période déterminée leur caractère délictueux obligatoirement décidée par le législateur et se différencie de la grâce mais peut prendre la forme d'une grâce amnistiante.[28]

L'amnistie est généralement accordée en considération de la nature de l'infraction. Mais, elle peut aussi bien être accordée en considération de la qualité et des mérites du délinquant, sans toutefois pouvoir profiter à ses complices. L'amnistie porte ainsi sur un champ d'application des plus étendus.

Lorsque l'amnistie intervient avant une condamnation définitive, elle éteint l'action publique à l'égard des faits visés.[29] L'action publique non encore mise en mouvement ne le sera plus, tandis que les poursuites déjà engagées par le parquet doivent être clôturées par classement sans suite du dossier. Il y a aussi la réhabilitation à souligner. (Art. 7.3 et 4 de la loi organique du barreau[112].

1.2.4.2. Réhabilitation

La réhabilitation tend à restaurer un individu dans la situation légale et pour autant que possible, dans la situation sociale qu'il a perdue par l'effet d'une juste condamnation. Elle survient après l'exécution de la peine, pour constater et récompenser la bonne conduite du condamné. Elle est en fait une

---

[112] CORNU, G., *Vocabulaire juridique,* PUF, 9ème Ed., Paris, 2013, p.62

mesure d'indulgence, visant le reclassement du condamné dont on espère ainsi obtenir l'amendement.[113]

La réhabilitation fait cesser pour l'avenir dans la personne du condamné, tous les effets de la condamnation, mais sans préjudice des droits acquis aux tiers. Elle a ainsi pour effet principal, de voir les incapacités et les déchéances infligées par la condamnation, cesser de produire effet.

Le condamné retrouve du coup tous les droits dont il avait été déchu, mais sans toutefois qu'il ne soit possible de revenir en sa faveur, sur les effets déjà réalisés dans le passé de la condamnation l'ayant frappé.[114]

Il est dès lors admis que les candidats au barreau, auteurs des faits qui portaient atteinte à leur moralité, condamnés, mais amnistiés, sanctionnés, mais réhabilités peuvent être admissibles au barreau.

Toutefois, en vertu du principe de la maitrise totale de son tableau, chaque conseil de l'ordre reste souverain pour apprécier, si un candidat amnistié ou réhabilité pour des faits ayant porté atteinte à sa moralité est ou non admissible à son barreau. Il me faut signaler l'autorisation par le ministre de la justice.

1.2.4.3. Autorisation du Ministre de la justice

L'autorisation de l'autorité judiciaire en tant que dérogation au principe de la moralité absolue pour l'admission au barreau est apparue avec l'ordonnance-loi du 28 septembre 1979.

L'autorisation de l'autorité judiciaire tend à relever le candidat avocat des conséquences des agissements contraires à l'honneur, la probité et aux bonnes mœurs ayant entrainé pour lui des sanctions disciplinaires ou administratives dans ses fonctions antérieures, conséquences qui en situation normale, constitueraient une cause d'empêchement de l'admission de ce dernier au barreau.

L'autorisation de l'autorité judiciaire apparait comme une injonction donnée au barreau de ne pas tenir rigueur de son passé, au candidat. La section suivante évoque le fonctionnement du barreau.[115]

Section 2. Fonctionnement du barreau

Sont traitées les considérations générales, l'organisation et le fonctionnement du barreau en République Démocratique du Congo.

---

[113] BOUZAT, P., et PINATEL, J., *Traité de droit pénal et de criminologie*, Ed. Dalloz, Paris 1970, p.852).

[114] HUGO Victor, Les misérables, Paris, Gallimard, « Folio classique », n° 3223, 2000.

[115] HITCHCOCK Alfred et TRUFFAUT François, Hitchcock/Truffaut, Paris, Gallimard, « NRF », 1993.

2.1. Considérations générales

Le barreau est une entité regroupant les Avocats. Il est doté de la personnalité juridique et administré par un Bâtonnier. Outre le bâtonnier, il est composé d'un Conseil de l'ordre et d'une Assemblée générale regroupant tous les Avocats. Je parle de l'origine, l'objet et le statut juridique du barreau.

2.1.1. Origine du Barreau

Si l'origine de l'Avocat remonte très loin dans l'Antiquité gréco-romaine, celle de Barreau peut être située d'une manière très précise dans le temps et dans l'espace.

En effet, le premier regroupement des Avocats a vu le jour dans l'Empire romain sous le règne de l'Empereur Justinien 1er (482-565) qui fut le premier à reconnaître aux « Ad-Vocati » le droit de se constituer un corps de métier.[30]

Ce droit leur fut reconnu auprès de multiples tentatives du pouvoir républicain et du pouvoir impérial de contrôler la profession des Avocats, étant donné la fréquence des abus constatés de part et d'autre.

Depuis sa création, le Barreau a connu une évolution continue au fil des siècles jusqu'à être institué dans les autres pays du monde et paraître sous son visage actuel en RDC. Quelle est l'origine du barreau en République Démocratique du Congo ?[116]

2.1.2. Objet du Barreau

La loi elle-même n'a pas présenté d'une manière claire et précise l'objet du Barreau comme il en est le cas pour les associations sans but lucratif, les sociétés et les syndicats.

Cependant, c'est à travers l'exposé des motifs de la loi n°79-80 du 28 septembre 1979 que le législateur dispose : « l'Ordre National des Avocats est chargé, au niveau national, de veiller aux intérêts communs de la profession, d'unifier les règles et usages, d'émettre des directives et règlements utiles qui s'imposent à tous les Avocats »[117]

---

[116] KARPIK Lucien, Les avocats, Entre l'État, le public et le marché, *XIIIe-XXe* siècle, Paris, Gallimard, « NRF », 1995.

[117] MUMPILA NDJIKE et WASENDA N'SONGO, Op.cit., p.37

Bref, l'objet du Barreau peut être envisagé comme le contrôle de l'accès et de l'exercice de la profession d'Avocat et la défense des intérêts communs de ses membres. Quel est le statut juridique du barreau en R.D.Congo? [118].

2.1.3. Statut jurisdique du barreau

La loi ne détermine pas avec précision le statut juridique du Barreau, ce qui amène à le confondre avec le syndicat.

Toutefois, malgré les points de rapprochements qui peuvent exister, l'on sait que le Barreau n'est pas un syndicat, il est plutôt une corporation professionnelle, expression apparue au XVIème siècle en France pour designer « une association d'artisans ou de marchands spécialisés qui s'unissent pour réglementer leur profession et défendre leurs intérêts »[32]

L'Ordre des Avocats, quant à lui, est « une organisation corporative réunissant obligatoirement tous les Avocats attachés à un même Barreau »[33] De ce qui précède, on peut retenir les points que voici :

- Le Barreau est une corporation professionnelle créée par la loi dans le secteur de la profession libérale d'Avocat dotée d'une personnalité juridique ;

- Il n'est constitué que des Avocats qui sont considérés comme des associés « obligés » étant donné qu'ils ne peuvent exercer ce métier sans appartenir à un Barreau ;

- Le Barreau a un caractère essentiellement représentatif en ce sens que ses organes ne sont pas nommés par le pouvoir public mais élus par les Avocats eux-mêmes ;

- Son autonomie organique est très étendue et l'autorité étatique et/ou supérieure n'exerce sur lui aucun pouvoir de contrôle ou de tutelle. Ses décisions sont par conséquent susceptibles de recours que devant les instances supérieures de l'Ordre et devant la Cour Suprême de Justice. Comment fonctionne et est organisé le barreau congolais ?[119]

2 .2. Organisation et fonctionnement du barreau au Congo

Ce point porte sur l'historique, l'organisation et le fonctionnement du barreau congolais.

2.2.1. Historique du Barreau au Congo

---

[118] BERSANI, J., SCHWEIZEIR, H., et alii, *Encyclopédie universelle*, Vol 4, Encyclopediae Universalis, Paris, 1980, p.1037)

[119] P.-A MPIANA KABEYA, notes de cours de Grand Service Public, année-Académique: 2022-2023, indédit.

La profession d'Avocat fut implantée au Congo d'abord sous la forme de mandataire dès la création de l'Etat indépendant du Congo en 1885. D'après le témoignage d'un très ancien Avocat, Maître Yves de WINNE, le premier Avocat s'est fixé à Elisabethville, l'actuel Lubumbashi, en 1910. Entre-temps, des « mandataires ad litem » institués par l'Ordonnance du 5 décembre 1892 du Gouverneur général accomplissaient le rôle d'Avocat en introduisant et en soutenant des causes devant les tribunaux organisés au Congo.[120]

Ce n'est qu'en 1930 que les « Barreaux » furent institués par un décret promulgue le 7 novembre de la même année. De 1930 à nos jours, de nombreux textes légaux sont venus réglementer la profession d'Avocat. Il s'agit notamment de :

- Ordonnance-loi n°68-247 du 10 juillet 1968 portant organisation de Barreau, du corps des défenseurs judiciaires et réglementation de la représentation et de l'assistance des parties devant les juridictions ;
- Ordonnance-loi n°79-028 du 28 septembre 1979 portant organisation du Barreau, du corps de défenseurs judiciaires et de corps de mandataires de l'Etat.

C'est donc à juste titre que Maître Jean-Jacques VAMECQ affirme que le Barreau congolais « compte parmi les plus anciens d'Afrique Noire et vraisemblablement, (...) le plus important d'Afrique francophone ».

La loi congolaise n'a donné aucune définition du Barreau. Toutefois, l'Ordonnance-loi N*79-028 du 28 septembre 1979 portant organisation du Barreau, du corps des défenseurs judiciaires et du corps de mandataires de l'Etat disposait en son article 4 « les Avocats font partie des Barreaux qui sont établis près des Cours d'Appel ou près de la Cour Suprême de Justice » ; cette idée peut amener à dire que le Barreau est un corps d'Avocats attaché et exerçant leur profession près d'une Cour d'Appel ou près la Cour Suprême de Justice. Parlant de la création du Barreau, il n'existe pas non plus des dispositions particulières qui s'y prononcent explicitement. Néanmoins, ainsi que l'on peut le lire à l'article 53 de la loi précitée, il suffit que les Avocats exerçant près d'une Cour atteignent le nombre de 8 personnes pour prendre une telle initiative, étant entendu que le reste de procédure est administrative, Le point suivant porte sur l'organisation et le fonctionnement du barreau congolais. [121]

2.2.2. Organisation et fonctionnement du Barreau au Congo

---

[120] (BERSANI, SCHWEIZER, et aliis, *Op.cit.,* p.1037 ; GUILLIEN, R. et VINCENT, J., Op.cit., p. 407).
[121] (PIRON, P., et STROUVENS, Codes et lois du Congo belge, Ed. Larcier, Bruxelles, 1948, p.15).

Le Barreau congolais est constitué de trois organes qui sont l'Assemblée Générale, le Conseil de l'Ordre et le Bâtonnier. Nous examinerons, dans les lignes qui suivent la composition et les compétences de ces organes.

2.2.2.1. L'Assemblée Générale

Je parle de la composition et des attributions.

2.2.2.1.1. Composition

La loi organique sur le Barreau dispose en son article 40 que l'Assemblée Générale comprend tous les Avocats inscrits au tableau. Bien plus, l'alinéa 2 n'ajoute que les Avocats stagiaires peuvent assister aux travaux de l'Assemblée Générale mais ne participent pas au vote.

Cette participation restreinte des Avocats stagiaires à l'Assemblée générale se justifie par le fait même qu'ils ne sont pas encore devenus des membres à part entière, c'est - dire qu'ils n'ont pas encore acquis la qualité complète d'Avocats bien qu'ils plaident et posent tous les actes d'Avocat. C'est, en principe, après un stage de deux ans qu'ils se voient confiés cette qualité d'Avocat leur permettant de participer avec voix délibérative aux Assemblées générales. Quelles les attributions de l'Assemblée générale ?[122]

2.2 .2.1.2. Attributions

L'Assemblée générale se réunit soit sur convocation du Bâtonnier soit d'office soit encore sur demande du Conseil de l'Ordre ou de la majorité des Avocats inscrits, au moins une fois l'an, le deuxième mardi du mois d'Octobre à une heure déterminée par le Bâtonnier.

Elle a pour principale attribution l'élection du Bâtonnier et des membres du Conseil de l'Ordre et peut statuer sur toutes les questions relatives à la profession d'Avocat et au bon fonctionnement de la justice. Ces décisions sont prises à la majorité des voix des membres présents à la réunion.

L'expression « toute question intéressant l'exercice de la profession » employé dans l'alinéa 3 ne signifie pas que l'Assemblée générale a de ce fait une licence de traiter et de prendre des décisions conséquentes en toutes matières mais n'exerce ses prérogatives que dans les limites de sa compétence territoriale, celui de la Cour d'appel près de laquelle le Barreau est attaché et de sa compétence matérielle , car certaines matières relèvent du Conseil national de l'Ordre ou soit de la Cour d'appel.

Que retenir du conseil de l'ordre.[123]

---

[122] Aticle de l'Ordonnonce-Loi n°79-028 du 28 septembre 1979 portant sur l'organisation du barreau

[123] *Idem*

2.2.2.2. Le Conseil de l'Ordre

Je parle de la composition et des attributions.

2.2.2.2.1 Composition

Le Conseil de l'Ordre est composé des membres élus par l'Assemblée générale pour un mandat de 3 ans non immédiatement renouvelables. Il se compose différemment au regard du nombre des Avocats inscrits au Barreau concerné.

En effet, l'article 42 de la loi organique précise que le Conseil de l'Ordre est composé de : Trois membres dans les Barreaux où le nombre des Avocats est Six membres dans les Barreaux où le nombre des Avocats est de Neuf membres dans les Barreau où le nombre des Avocats est de Quinze membres dans les Barreau où le nombre des Avocats est :

- de huit à quinze ; seize à vingt -cinq ;
- vingt -six à cent ; supérieur à cent.

Quelles sont les attributions du Conseil de l'ordre ?

2.2.2.2.2. Attributions

Les attributions du Conseil de l'Ordre sont multiples et énumérées par la loi.

On peut en citer les principales que voici :

- profession ;
- Traitement de toutes les questions relatives à l'exercice de la profession
- Veiller à la stricte observation des règles de la profession, devoirs des Avocats ainsi qu'à la protection de leurs droits
- Arrêter et modifier le règlement intérieur
- Assurer le maintien de principe de probité, de désintéressement, de modération et de confraternité,...
- Veiller à la formation des Stagiaires ;
- Autoriser le Bâtonnier à poser tous les actes intéressant le Barreau par exemple ester en justice pour le compte de ce dernier.[124]

En dehors de toutes ces attributions, il importe de remarquer que le Conseil de l'Ordre connaît des fautes et manquements commis par les Avocats. Ainsi l'article 88 de la loi organique stipule que le Conseil de l'Ordre siège, pour ce faire, comme le Conseil de discipline soit sur plainte ou dénonciation d'un magistrat, d'un Avocat, d'un stagiaire ou de toute personne soit d'office.[37]

[124] ibidem

En effet, l'article 86 de la loi organique stipule « Toute contravention aux lois et règlements, toute infraction aux règles professionnelles, tout manquement à la probité, à l'honneur ou à la délicatesse, même se rapportant à des faits extraprofessionnels, exposent l'Avocat qui en est l'auteur aux sanctions ci-dessous : avertissement, réprimande, suspension ou radiation ».

Les dispositions de cet article résolvent le problème mais préjudicie énormément l'Avocat dans la mesure où aucune distinction n'est faite entre sa vie privée, sa vie publique et sa vie strictement professionnelle.

Cette indistinction entre la vie privée, la vie publique et la vie professionnelle de l'Avocat est justifiée par certains auteurs par le fait qu'aucun acte contraire aux convenances, aux normes sociales, aux règlements, aux lois, posés par l'Avocat ne pourraient ne pas avoir des retombées sur tous les aspects de sa vie professionnelle, car cette profession a des exigences particulières mais touchant à tous les cadres de la vie telles que l'honneur, la probité, la délicatesse,...

C'est ainsi que Maître N'KULU, citant Jean LEMAIRE, écrit : « Lorsqu'il est impossible de distinguer l'homme de l'Avocat, lorsque par exemple l'honneur et la dignité sont compromis et que les fautes de la vie privée devenues publiques souillent le caractère de l'Avocat, le Conseil est compétent »[38] Il s'ensuit que la vie privée publique et professionnelle de l'Avocat sont confondues parce qu'un seul acte contraire peut les compromette toutes.

Ce qui amène l'Avocat à respecter les règles de convenances morales, les règlements relatifs à sa profession, les lois de la République et surtout son serment. Que dire du bâtonnier ?

223. Le Bâtonnier

Quel est le mode de désignation et quelles sont les attributions du bâtonnier?

2231. Désignation

Le Bâtonnier est élu par l'Assemblée générale lors d'un scrutin a deux tours. Notons qu'à l'issue du second tour, si les deux candidats recueillent un même nombre de voix, c'est le candidat le plus ancien au tableau qui sera proclamé vainqueur.

Son mandat est de trois ans et, sauf en cas des circonstances exceptionnelles, seuls les membres du Conseil inscrits au tableau depuis plus de cinq ans peuvent être élus Bâtonnier. Quelles sont les attributions du bâtonnier ? [125]

2.2.3.2. Attributions

Le Bâtonnier possède comme attributions:

- Représenter le Barreau ;

- Veiller à la discipline de tous les Avocats ;

- Concilier les différends et assurer le bon fonctionnement de l'Ordre et du Conseil.

C'est toujours lui qui reçoit toute communication faite au Barreau et Conseil de l'Ordre. Au cas où il est absent ou temporairement empêché, il est remplacé par le membre du Conseil de l'Ordre le plus ancien au tableau. Bref, c'est le Bâtonnier qui, secondé par les autres membres du Conseil de l'Ordre gère les affaires courantes et assure l'administration quotidienne du Barreau.

En conclusion, on peut se référer à la Conférence sur : « L'exercice de la profession d'avocat en rdc » dont l'ORATEUR est le BATONNIER Jean-Pierre KITENGE. Cette conférence a été organisée le 27 juin 2023 par la Faculté de Droit dans le cadre des activités en rapport avec l'exercice de la profession de juriste. L'objectif est de contribué à la formation pratique des étudiants. Les bases de cette rencontre ont été posées par le mot de bienvenu du Recteur de l'UNH, le Professeur Emérite Alexis Takizala en présence du Doyen de la Faculté, le Professeur Yves-Junior Manzanza Lumingu.

Le Bâtonnier Jean-Pierre Kitenge a organisé son exposé en 6 points importants :

1) L'historique du Barreau congolais ;
2) Notion du Barreau ;
3) Comment devenir Avocat ;
4) L'organisation du barreau ;
5) Les droits et devoirs d'un avocat ;
6) Les honoraires. [126]

---

[125] NKONGOLO TSHILENGU, M., Le rôle des Cours et tribunaux dans la restauration d'un droit conteste, Service de documentation et d'études du Ministère de la justice et Garde des Sceaux, Kinshasa, 2003, p.18 ; N'KULU KILOMBO, *Op. Cit.*, p. 26).

[126] *Op. Cit.*

Le premier texte qui a régis la profession d'avocat en RDC était le décret-loi de 1930, comme vous l'avons vu. Ce texte prévoyait que l'avocat était placé sous l'autorité de la Cour d'Appel auprès de laquelle il était inscrit. Celle-ci avait donc les compétences de contrôler l'exercice de la profession et pouvait siéger et se prononcer sur les fautes commises par les avocats. A cette époque, très peu des congolais était inscrit ou pouvaient exercer cette profession. Le premier avocat congolais a été inscrit au tableau en 1963. Il s'agit du maître MBUNGU. Il a fallu attendre jusqu'à 1965 pour qu'une vague des congolais sollicitent et obtiennent l'inscription au tableau. Parmi eux, il faut citer l'avocat KAMANDA wa KAMANDA. En 1968, une nouvelle loi est adoptée pour remplacer le décret-loi de 1930.

Parmi les innovations apportées par celle-ci, il faut signaler l'insertion pour toute la première fois des conditions d'accès à la profession d'avocat. Et parmi elles, on introduit l'exigence de la nationalité congolaise d'origine. Cette loi prévoyait que seuls les congolaise nés de père et de mère pouvaient solliciter l'inscription au tableau de l'ordre. [127]

Outre les conditions d'accès, cette loi a permis de réorganiser la profession. Il faut le signaler, qu'à l'époque, on ne parlait pas du barreau, maison plutôt des associations des avocats du Congo. Et celles-ci étaient organisées dans le Katanga (association des avocats du Katanga) et Kinshasa (association des avocats de Kinshasa). L'ordonnance-loi de 1968, au-delà d'apporter des innovations sur les conditions d'accès, impose aussi la création des organes du barreau savoir l'Assemblée générale, le Conseil de l'Ordre et le Bâtonnier.

Le Conseil de l'ordre a reçu mission de s'occuper de la discipline des avocats en appliquant les sanctions. Ces compétences ont permis de soustraire l'avocat au contrôle de la Cour d'Appel contrairement à la situation de 1930. Et comme on peut le constater, le régime juridique de 1930 mettait l'avocat dans un lien de subordination vis-à-vis de la Cour d'Appel auprès de laquelle il était justiciable même pour des fautes liées à l'éthique.

Il était donc impérieux que cette situation soit revue pour garantir l'indépendance de l'avocat et surtout le caractère libéral de la profession. En 1979, une ord-loi est adoptée pour réorganiser la profession non seulement sur le plan structurel, mais aussi sur le plan conceptuel. Elle a permis de supprimer la Cour d'appel en le remplaçant par l'ordre national des avocats. Cet ordre a un Conseil national et une Assemblée générale constituée de l'ensemble des Barreaux Congolais. La loi sur le barreau ne le définit pas. Mais, il peut être entendu comme une entité disposant d'une personnalité

[127] *Op. Cit.*

juridique composé de l'ensemble des avocats qui sont sur la liste de stage et au tableau mais qui vivent dans le ressort d'une Cour d'Appel.

Le Barreau est un ordre professionnel des avocats qui a une mission d'intérêt public. [128] Cette mission est mieux explicitée à l'article 1er de la loi sur le Barreau qui énumère entre autre :

a. Assister et représenter les parties devant les instances judiciaires ;

b. Postuler

c. Conclure

d. Plaider et Conseiller ;

e. Consulter ;

f. Rédiger les actes sous seings privés ;

g. Assister ou représenter les parties devant les instances extra-judiciaires.

Pour être avocat il faut :

- Etre un licencié (Bac+5) ou docteur en droit ;

- Présenter un dossier complet ;

- Solliciter votre admission en indiquant le parrain ;

- L'admission est conditionnée aux mesures de publicité;

- Avoir la nationalité congolaise.

Les exceptions : réciprocité pour les étrangers. Le Procureur général émet un avis favorable à défaut duquel aucun dossier ne serait reçu. Lorsque le dossier est complet et que l'avis est favorable, le candidat est soumis à un test de contrôle de connaissance qui lui permet d'obtenir l'inscription à la liste de stage. Cette exigence n'existait pas avant. Elle a été introduite en 1998 par le Barreau de Lubumbashi. L'admission au barreau exige une période probatoire de deux ans. On est d'abord admis comme avocat stagiaire où on est initié sur l'éthique et déontologie des avocats. Après cette période de stage de deux ans, l'avocat stagiaire est soumis à un test, qui, en cas de satisfaction, ouvre droit à un certificat d'aptitude professionnelle lui délivré.

En plus de ce certificat d'aptitude professionnel, l'avocat peut solliciter l'inscription au tableau de l'ordre. Pendant la période de stage, l'avocat est soumis aux devoir éthique et professionnelles. L'avocat stagiaire est obligé

[128] Article 8

de conclure un contrat de collaboration. [129] Il faut noter qu'il existe une exception sur ces exigences de test et stage probatoire. Cette exception concerne quelqu'un qui était magistrat qui démissionne pour devenir avocat et les professeurs d'universités. Les magistrats et professeurs de droit qui intègrent le barreau ne sont pas soumis au stage. Pour le Professeur, il est exigé une expérience d'au moins trois ans non interrompu dans l'enseignement.

Le barreau couvre le ressort de la Cour d'Appel, ce qui veut dire que dans chaque province on devrait avoir au moins un barreau. Toutefois, à Kinshasa, il y a trois Barreaux. Le barreau près la Cour d'Appel de Matete, de Gombe et le barreau près la Cour de Cassation et le Conseil d'Etat. Le barreau est organisé de manière à lui permettre de fonctionner dans une autonomie et une indépendance totale. Pour matérialiser cette autonomie et cette indépendance, il a été créé des organes ci-après :

- L'Assemblée Générale (AG) ;
- Le Conseil de l'Ordre (C.O) ;
- Bâtonnier ;
- L'Assemblée Générale.

L'AG est constituée de tous les avocats et ne peut se tenir que si le quorum de la majorité simple des avocats composants le barreau est atteint. L'AG est l'organe qui réunit tous les avocats généralement au deuxième mardi de deuxième quinzaine du mois d'octobre. Les avocats stagiaires peuvent participer à l'AG mais n'ont pas une voix délibérative. Le Conseil de l'Ordre. Le Conseil de l'ordre a une fonction administrative et fonctionne sous forme des commissions (recherche, discipline, trésorerie).

La commission de discipline joue un rôle crucial en ce qu'il permet au conseil de sanctionner les avocats qui marchent à l'encontre des valeurs morales et éthiques. Il faut dix ans pour réintégrer le barreau. S'il veut réintégrer, il doit avoir deux avis conformes. Celui du procureur général et celui du Conseil de l'ordre. Le Conseil de l'ordre est aussi fonction du nombre d'avocats. Si le barreau est constitué de 100 membres, le Conseil est de 15 membres. Pour siéger, il faut une majorité relative. Le conseil de l'ordre arrête le budget du barreau et adopte des mesures réglementaires pour le fonctionnement du barreau. Les 15 membres du conseil de l'ordre ont un mandat de 3 ans.

C'est le Bâtonnier qui gère le barreau au quotidien. Contrairement à l'AG et le C.O qui nécessitent plusieurs personnes pour leur fonctionnement, le bâtonnier est seul. Pour postuler comme bâtonnier, il faut avoir été membre

[129] *Idem*

du conseil de l'ordre. C'est le serviteur des avocats et de jure président du conseil de discipline. Il doit être un pater familias et a surtout le rôle de conseiller. En cas de faute, le bâtonnier peut faire une admonestation paternelle. Il a également une fonction d'administration parce que c'est lui qui gère le barreau au quotidien. [130]

Signification de la toge: le rabat blanc signifie l'espoir que l'avocat amène à la société et la couleur noir symbolise les problèmes de la société.

Communiquer avec son client à huis clos:

- Le droit de prendre connaissance du dossier ou de lever copie pour aller lire au cabinet ;
- L'avocat a un devoir de défense
- Devoir de délicatesse
- Devoir de dignité
- Devoir de loyauté
- Devoir d'indépendance : l'avocat reste indépendant vis-à-vis du client ;
- Devoir de secret professionnel
- Devoir d'assister des indigents : assistance pro deo - Devoir de payer ses cotisations

Les honoraires sont fixés par le conseil national de l'Ordre. Lorsque l'avocat n'a pas été payé, il doit saisir le bâtonnier. Celui-ci va tenter de concilier l'avocat et le client. A défaut de conciliation, il établit un procès-verbal de non conciliation qui permet à l'avocat de saisir l'ONA. L'ONA reste le seul organe qui peut apprécier si les honoraires fixés sont au-delà du raisonnable. L'avocat est appelé à présenter toutes les preuves des actes de procédures posés par lui pour justifier des sommes exigées. A défaut des preuves, l'ONA peut demander au client de payer ce qui est raisonnable au vu des prestations déjà effectuées[131]. Il convient à présent d'envisager la profession d'avocat en France).

---

[130] *Ibidem*

[131] cf. L'exercice de la profession d'avocat en RDC – UNH

Chapitre 5

La profession d'avocat en France

La profession d'avocat est une profession réglementée accessible aux titulaires du certificat d'aptitude à la profession d'avocat (CAPA). La formation initiale est assurée par les centres régionaux de formation professionnelle d'avocats (CRFPA) après un cursus universitaire. Certains professionnels peuvent toutefois bénéficier d'une voie dérogatoire prévoyant une dispense de formation et/ou de diplôme.

Ainsi, j'évoque l'historique et le rôle de la profession d'avocat en France ainsi que les conditions pour y accéder. [132]

Section 1. Historique et rôle

1.1. Historique

Les avocats s'enracinent dans une tradition perpétuée au cours des siècles qui leur confère le privilège de porter la parole et de défendre autrui dans un procès. L'étymologie y concourt, la dénomination professionnelle venant en droite ligne de l'advocatus romain, du verbe advocare : appeler quelqu'un, comme conseil, devant un juge Pourtant, la profession a connu en France, dans le cadre d'une évolution constatée dans tous les pays occidentaux, une véritable transformation dans les trente dernières années du XXe siècle. Elle concerne le statut de l'avocat, son champ d'activité, les structures et modalités d'exercice ou encore la démographie et les caractéristiques sociologiques et économiques de la profession.

L'avocat ne peut être présenté indépendamment des ordres qui administrent les barreaux, c'est-à-dire les collèges d'avocats établis chacun dans le ressort d'un tribunal de grande instance, aujourd'hui au nombre de 181. Les barreaux tenaient jadis à la fois de la corporation et de la confrérie religieuse. C'est notamment l'origine du port de la « robe ». Bien que très tôt pratiquée par des laïcs, la profession a longtemps conservé cette dimension religieuse et les ordres ont toujours à leur tête un chef élu, le bâtonnier, qui portait autrefois le bâton de la bannière lors des processions solennelles.

---

[132] cf. Code de l'avocat 2024, annoté et commenté des 10/2023 - 11 e éditions | Auteur(s) : Stéphane Bortoluzzi, David Lévy, Anita Tanaskovic, Stéphanie Grayot-Dirx, Cécile Caseau-Roche, Gilles Pillet, Dupuis LAURENCE, Olivier Ziegler, François Molinié.

Appelé « ordre des avocats » dès le Bas-Empire, le barreau, après une longue période d'effacement durant le haut Moyen Âge, est réorganisé en 1327 par une ordonnance de Philippe de Valois. Les avocats qui le composent doivent, depuis une ordonnance de Philippe III le Hardi du 12 octobre 1274, prêter serment avant d'exercer leur profession. Quant à l'exigence de la licence en droit pour l'exercice de la profession, elle remonte à François Ier. Les ordres affirment peu à peu leur autorité, en particulier sous le règne de Louis XIV.

L'Assemblée constituante, sous la Révolution, supprime l'ordre des avocats, dans le sillage de la loi Le Chapelier des 14 et 17 juin 1791 abolissant les corporations. Les avocats, pendant quelques années, cèdent la place, pour la plaidoirie, aux « défenseurs officieux ». Mais, les ordres sont rétablis par le décret du 14 décembre 1810. L'ordonnance royale du 27 février 1822 vient conférer aux avocats le monopole de la plaidoirie, marquant ainsi, comme l'indique le bâtonnier André Damien, la naissance du barreau moderne. À partir de 1830 s'ouvre l'« âge d'or des avocats ». Il se poursuit tout au long du XIXe siècle, notamment sous la IIIe République, parfois appelée « République des avocats » par référence au nombre considérable d'avocats devenus parlementaires ou ministres.

Au XXe siècle, surtout après la Première Guerre mondiale, la professionnalisation croissante est jalonnée par quelques grands textes : le décret du 20 juin 1920 qui fait de l'inscription au tableau d'un barreau la condition, pour un licencié en droit, de pouvoir porter le titre d'avocat ; la loi du 28 juin 1941 qui crée le certificat d'aptitude à la profession d'avocat (C.A.P.A.) ; le décret du 10 avril 1954 qui autorise les avocats à s'associer et à manipuler des fonds ; la loi du 31 décembre 1957 qui les habilite à poursuivre en justice le recouvrement de leurs honoraires ; la loi du 31 décembre 1971 qui, notamment, fusionne les professions d'avocats, d'avoués de première instance (qui représentaient les parties devant le tribunal civil) et d'agréés près les tribunaux de commerce.

Cette trajectoire a connu une étape décisive avec la loi du 31 décembre 1990 et son décret d'application du 27 novembre 1991, décidant en particulier la fusion de la profession d'avocat avec celle de conseil juridique et ouvrant ainsi largement la nouvelle profession au droit des affaires. Une loi du 31 décembre 1990 a ouvert simultanément la possibilité de créer des sociétés de capitaux dans les professions libérales et particulièrement chez les avocats.

Des textes de réforme se sont ensuite multipliés, dont il convient de retenir la loi du 11 février 2004 – concernant la formation, la procédure disciplinaire, les pouvoirs normatifs du Conseil national des barreaux –, et le décret du 12 juillet 2005 contenant les règles de déontologie de la profession.

En peut retenir qu'au Moyen Âge, avocats et procureurs forment des confréries religieuses, portant ainsi la robe caractéristique des clercs qui s'accompagne du manteau, de l'épitoge, de la toque et des gants blancs. À partir du XVe siècle, une distinction est faite entre l'avocat, principalement chargé de plaider, et le procureur, dont l'intervention est souvent obligatoire, et qui a pour mission de représenter la partie et de rédiger les actes pour son compte.[39] À l'inverse des procureurs, les fonctions d'avocat n'ont jamais été érigées en office (à l'exception des avocats aux Conseils) et le nombre d'avocats n'a donc jamais été limité. La profession jouissait même d'une forme d'autogestion organisée par le barreau, qui s'organise progressivement pendant l'époque moderne.

En 1789, on comptait plus de mille trois cents avocats près des principaux parlements de France : 607 à Paris, 260 à Nancy, 178 à Rouen, 159 à Bordeaux, 130 à Dijon et Besançon.[40] L'accès à la profession se faisait à partir de l'âge de 16 ans sous réserve d'être titulaire d'une licence en droit. Les candidats à l'exercice devaient en outre prêter serment et accomplir un stage.[41] La pratique du stage, cependant, est tardive et ne s'impose que dans les principaux barreaux du pays ; dans nombre de juridictions secondaires, et même dans quelques parlements (Douai, Nancy), aucun stage n'a été imposé avant la Révolution. Les avocats pouvaient alors s'inscrire sur le tableau tout de suite après leur serment.

Au moment de la Révolution, la loi du 2 septembre 1790 supprime l'ordre des avocats ainsi que la robe distinctive. Il n'y a alors que des « défenseurs officieux » exerçant sans aucune exigence de formation. La loi de Prairial interdit même aux accusés devant le tribunal révolutionnaire de disposer d'un défenseur.[133]

Finalement, la loi du 22 ventôse an XII (12 mars 1804) relative aux écoles de droit rétablit la profession d'avocat en exigeant à nouveau la licence en droit pour plaider. Le barreau est rétabli par le décret du 14 décembre 1810. [134]

Au XIXe siècle et jusqu'en 1941, le jury étant populaire et délibérant seul (sans la présence des trois magistrats professionnels introduits en 1941), les avocats font alors preuve de toute leur éloquence pour le convaincre, utilisant des « effets de manche » : drapés dans leur longue toge noire à

---

[133] FAYARD, J-F, FIERRO, A., et TULARD, J., *Histoire et dictionnaire de la Révolution française (1789-1799),* Robert Laffont, Paris, 1987, p.552. ROGER PERROT, *Op.cit.*, p.17).

[134] (ROGER PERROT, *Institutions judiciaires*, 13e éd., Montchrestien, Paris, 2008; HERVE LEUWERS, *L'invention du barreau Français, 1660-1830*, Éditions EHESS, 2006, pp.341-342. ; BERNARD BARBICHE, *Les institutions de la monarchie française à l'époque moderne,* PUF, Paris, 1999, p. 339.

grands rabats de soie ornant les manches ils lancent ces rabats qui provoquent un bruit sec captant l'attention du jury.

La dualité entre procureurs et avocats héritée de l'Ancien Régime renaît après le Consulat puisqu'il avait été institué, avant même le rétablissement des avocats, des avoués qui reprenaient les fonctions des procureurs d'Ancien Régime. De 1804 à 1971, il existait donc deux professions distinctes : les avocats, professions libérales, dont l'intervention n'était généralement pas obligatoire et qui étaient chargés de la plaidoirie ; et les avoués, officiers ministériels dont la présence était indispensable à la procédure et qui assuraient la postulation.[44]

Par exception, il n'y avait pas d'avoués dans les cours d'appel siégeant outre- mer ni, après leur réintégration en 1918, dans les départements d'Alsace-Moselle (Moselle, Bas-Rhin, Haut-Rhin). Dans ces départements, les avocats procédaient à l'ensemble des actes. En outre, en Alsace-Moselle, ils devaient choisir de postuler soit devant le tribunal de grande instance, soit devant la cour d'appel.

Envisagée au moins depuis 1902, la fin de cette dualité est examinée de près à la fin des années 1960. Toutefois, ses modalités divisent les spécialistes entre deux options possibles : la simple fusion des professions d'avocat et d'avoué ou « petite réforme » et la création d'une profession nouvelle intégrant les conseils juridiques ou « grande réforme».

La Loi 71-1130 du 31 décembre 1971 modifiée regroupe les professions d'avocat et d'avoués près les tribunaux de commerce, mais ne supprime les avoués que devant les juridictions de première instance. De 1971 à 2011, la dualité subsiste donc devant les cours d'appel, le justiciable étant obligé de faire appel à un avoué même s'il a déjà un avocat. En 1990, un nouveau regroupement s'opère avec la fusion des professions d'avocat, de conseil fiscal et de conseil juridique.[135]

Finalement, à la suite notamment du rapport Attali, une réforme, engagée dès 2009 et qui entre en vigueur le 1er janvier 2012, supprime complètement le ministère d'avoué et le regroupe avec celui des avocats. Quel est le rôle de la profession d'avocat ?

1.2. Rôle

L'activité professionnelle des avocats se divise en deux domaines : les activités pour lesquelles les avocats ont un monopole professionnel, et celles qu'ils peuvent exercer concurremment avec d'autres professions.

---

[135] La Loi 71-1130 du 31 décembre 1971 modifiée regroupe les professions d'avocat et d'avoués près les tribunaux de commerce,

L'avocat a notamment pour fonction de défendre les droits des justiciables devant les juridictions, ou toutes instances disciplinaires en assistant et représentant ses clients. Il dispose du monopole de la plaidoirie et de la postulation, c'est-à-dire que seul un avocat peut faire de la défense des justiciables une activité professionnelle habituelle. Les exceptions au monopole concernent généralement des personnes ayant une certaine proximité d'intérêt avec le justiciable et à qui la loi permet de l'assister et de le représenter (parent et ami devant les juridictions pénales, conseiller du salarié devant les prud'hommes…).

Le monopole de l'avocat ne signifie pas que la présence d'un avocat soit obligatoire. En effet, devant le tribunal d'instance, le juge de proximité, le conseil de prud'hommes, le tribunal des affaires de Sécurité sociale, le tribunal de commerce, le tribunal paritaire des baux ruraux comme devant les juridictions répressives, la représentation par un avocat n'est pas obligatoire.

Dans les affaires de la compétence de ces juridictions, à l'exception des jugements des tribunaux d'instance susceptibles d'appel et des décisions du juge de proximité qui sont rendues en dernier ressort, la procédure devant la cour d'appel ne nécessite pas non plus de recourir à ses services. Si le justiciable souhaite néanmoins se faire représenter, il ne peut sauf exception confier cette mission qu'à un avocat. Devant le tribunal administratif, la représentation par avocat n'est obligatoire que si un contrat ou une somme d'argent sont en jeu.

Un avocat peut avoir des mentions de spécialisations afin d'avoir une meilleure reconnaissance et une justification de ses honoraires. Au 1er janvier 2022, 7 200 mentions sont recensées parmi 29 spécialités.[46]

En principe, devant la Cour de cassation et le Conseil d'État, la représentation des parties est assurée par des officiers ministériels dits « avocats au Conseil d'État et à la Cour de cassation », dits aussi « avocats aux Conseils », qui font partie d'une organisation indépendante de celle des autres avocats et qui disposent d'un privilège de représentation devant ces deux juridictions.

Si la dualité des fonctions entre postulation et plaidoirie a quasiment disparu en ce qui concerne les professions, elle subsiste sur le plan territorial : un avocat peut plaider partout y compris hors du ressort de son barreau, mais ne peut postuler que dans ce ressort. [136] Si nécessaire, il appartient à la partie de désigner en outre un « avocat postulant » inscrit au barreau du ressort où l'instance se déroule.[47]

---

[136] ÉRIC BONNET, « Réforme des spécialisations des avocats : entre savoir-faire et faire- savoir », in *La Semaine Juridique,* n° 41, 10 octobre 2011)

L'avocat a également des tâches qu'il partage avec d'autres professions juridiques, de délivrer des conseils et des avis sous la forme de consultations, de rédiger des contrats, de passer des actes ou des transactions sous seing privé. Enfin, l'avocat peut exercer des activités qu'il partage avec des professions non juridiques. Par exemple, l'avocat médiateur pratique la médiation en résolution de litiges. En pareil cas, il ne défend ni ne conseille aucune partie et exerce cette activité conformément aux principes qui la régissent. Il mobilise alors sa connaissance de la psychologie des conflits et de la rhétorique pour conduire l'action de résolution alternative d'un litige.

Comment accède-t-on à la profession d'avocat en France ?

Section 2. Les conditions d'accès à la profession

L'accès à la profession n'est possible que sous certaines conditions de nationalité, de moralité, de diplôme et de formation.

2.1. Conditions de nationalité

• Européen,

• Être de nationalité française,

• Être ressortissant d'un État membre de l'Union européenne,

• Être ressortissant d'un État membre de l'Espace économique

• Être ressortissant d'un État ou d'une unité territoriale qui accorde aux Français la faculté d'exercer sous les mêmes conditions l'activité professionnelle que l'intéressé se propose lui-même d'exercer en France, sous réserve des décisions du Conseil de l'Union européenne relatives à l'association des pays et territoires d'outre-mer à l'Union européenne, avoir la qualité de réfugié ou d'apatride reconnue par l'Office français de protection des réfugiés et apatrides.

Il y a aussi la moralité comme condition pour accéder à la profession d'avocat en France.

2.2. Conditions de moralité

• Ne pas avoir fait l'objet de condamnation pénale pour agissements contraires à l'honneur, à la probité ou aux bonnes mœurs,

• Ne pas avoir fait l'objet de sanction disciplinaire ou administrative de destitution, radiation, révocation, de retrait d'agrément ou d'autorisation,

• Ne pas avoir fait l'objet d'une faillite personnelle ou de l'interdiction prévue à l'article L.653-8 du code de commerce. Le diplôme et la formation conditionnent l'accès à la profession d'avocat en France.[137]

2.3. Conditions de diplôme et de formation

La profession d'avocat est en principe réservée aux titulaires d'un Master 1 en droit (60 premiers crédits du diplôme de master en droit – Master 2 à compter du 1er janvier 2025) ou d'une équivalence et du certificat d'aptitude à la profession d'avocat (CAPA) délivré par un centre régional de formation professionnelle d'avocats (CRFPA).

Les équivalences au Master 1 en droit, fixées par arrêté du garde des Sceaux en date du 25 novembre 1998, sont exclusivement les suivantes :

- Les doctorats en droit,

- Le diplôme national de master en droit, les diplômes d'études approfondies et les diplômes d'études supérieures spécialisées des disciplines juridiques,

- les maîtrises de sciences et techniques des disciplines juridiques,

- le diplôme de la faculté libre autonome et cogérée d'économie et de droit de Paris,

- le titre d'ancien élève de l'École nationale des impôts ayant suivi avec succès le cycle d'enseignement professionnel des inspecteurs-élèves des impôts,

- le titre d'ancien élève stagiaire du centre de formation des inspecteurs du travail de la main-d'œuvre ou d'ancien élève de l'Institut national du travail, de l'emploi et de la formation professionnelle ayant suivi avec succès le cycle de formation d'inspecteur stagiaire ou d'inspecteur-élève du travail,

- le titre d'ancien greffier en chef stagiaire des services judiciaires ayant suivi avec succès le cycle de formation initiale dispensé par l'École nationale des greffes,

- tout titre ou diplôme universitaire ou technique étranger exigé pour accéder à une profession juridique réglementée dans l'État où ce titre a été délivré,

- les mentions "carrières judiciaires et juridiques" et "droit économique" du diplôme de l'Institut d'études politiques de Paris.[138]

L'accès au sein d'un CRFPA est soumis à la réussite de l'examen d'entrée, souvent appelé « pré-CAPA ». La formation initiale obligatoire se déroule sur une période de 18 mois. Elle est sanctionnée par le CAPA qui comporte diverses épreuves orales et écrites. En cas de succès, l'élève avocat

---

[137] ROGER PERROT, *Op.Cit.* p.31.
[138] *Idem*

peut alors demander son inscription au tableau de l'Ordre du barreau de son choix, après avoir prêté le serment nécessaire à l'exercice de la profession.

2.4. Les cas particuliers

Sont dispensés de l'examen d'entrée au CRFPA, en application de l'article 54 du décret n° 91-1197 du 27 novembre 1991 :

a. les docteurs en droit ayant soutenu leur thèse dans une université française ou dans une université au sein de l'Union européenne, attestant de compétences en droit français et ayant dispensé au moins 60 heures d'enseignements en droit, par an et pendant deux ans, au cours des cinq dernières années précédant la demande d'accès, dans un établissement public d'enseignement supérieur ;

b. les docteurs en droit ayant soutenu leur thèse dans une université française ou dans une université au sein de l'Union européenne, attestant de compétences en droit français et justifiant de deux années d'exercice professionnel en qualité de juriste assistant ou assistant de justice;

c. les docteurs en droit ayant soutenu leur thèse dans une université française ou dans une université au sein de l'Union européenne, attestant de compétences en droit français et justifiant de deux années d'exercice professionnel en tant que juriste, d'au moins 700 heures par an.

L'article 54 est applicable aux docteurs en droit ayant soutenu leur thèse après le 31 décembre 2024. Les docteurs en droit ayant soutenu leur thèse avant cette date dans une université française ont accès directement à la formation professionnelle dispensée par le CRFPA, sans avoir à subir l'examen d'accès au centre régional de formation professionnelle. [139]

Dans la pratique cependant, y a bien une discrimination fondée sur l'âge et une inégalité de traitement fondée sur son statut de Docteur en droit non justifiées par les capacités et des prestations qu'ils fournies.

Cette discrimination est flagrante au regard des résultats obtenus par les candidats de l'EFB : - Le taux d'échec global au CAPA 2017 est de 1,24% - A raison de l'âge, le taux d'échec des candidats est : pour les candidats en-dessous de 40 ans de : 0,53% pour les candidats de 40 ans et plus de : 25,92% pour les candidats de 50 ans et plus de : 33,33%. - A raison de la qualité de docteur en droit, le taux d'échec des docteurs en droit est de : 15,53%. Le taux d'échec des docteurs en droit de 40 ans et plus est de : 31,81%. Le taux d'échec des docteurs en droit de 50 ans et plus est de : 44,44%.

---

[139] *Idem*

Ainsi, les éléments permettant de démontrer la discrimination sont évidents. Il n'est pas demandé à la Cour d'appel compétente d'apprécier les qualités du candidat docteur âgé, mais comme l'a énoncé la Cour de cassation, de contrôler la régularité de l'organisation et du déroulement des épreuves, (Cass. 1ère civ. 14 juin 2005, n°03-16.149).

Par ailleurs, l'article 21 de la Charte des droits fondamentaux de l'Union Européenne énonce le principe général de non-discrimination, qui interdit notamment les discriminations fondées sur le sexe, la race, la couleur, les origines ethniques ou sociales, les caractéristiques génétiques, la langue, la religion ou les convictions, les opinions politiques ou toute autre opinion, l'appartenance à une minorité nationale, la fortune, la naissance, un handicap, l'âge ou l'orientation sexuelle.

La discrimination est également définie à l'article 225-1 du Code pénal comme étant *"toute distinction opérée entre les personnes physiques sur le fondement de leur origine, de leur sexe, de leur situation de famille, de leur grossesse, de leur apparence physique, de la particulière vulnérabilité résultant de leur situation économique, apparente ou connue de son auteur, de leur patronyme, de leur lieu de résidence, de leur état de santé, de leur perte d'autonomie, de leur handicap, de leurs caractéristiques génétiques, de leurs mœurs, de leur orientation sexuelle, de leur identité de genre, de leur âge, de leurs opinions politiques, de leurs activités syndicales, de leur capacité à s'exprimer dans une langue autre que le français, de leur appartenance ou de leur non-appartenance, vraie ou supposée, à une ethnie, une Nation, une prétendue race ou une religion déterminée."*

Il convient de préciser que l'article 6 de la loi du 13 juillet 1983 portant droits et obligations des fonctionnaires institue un principe général d'égalité de traitement, qui a été appliqué par la jurisprudence administrative aux concours d'accès aux emplois publics ainsi qu'aux modalités d'accès à la profession d'avocat. [140] A ce titre, les distinctions non justifiées et non-proportionnées au but recherché sont prohibées, aussi bien dans le cadre de l'accès aux emplois publics que dans le cadre de l'accès à la profession d'avocat.

Il sera démontré aux annexes que les notes attribuées ne sont pas justifiées au regard de des compétences et de la qualité du travail mais uniquement par la volonté de l'EFB de ne pas octroyer le CAPA en raison de l'âge, de la nationalité et du statut de docteur en droit, en violation de ce qui précède et les juridictions compétentes saisies ne sont pas entrées en matière sur le fond. Certains professionnels, en fonction des activités précédemment exercées visées aux articles 97 et 98 du décret n° 91-1197 du 27 novembre 1991, peuvent bénéficier de conditions particulières d'inscription et de

---

[140] CE, 10 avril 2009, req. n° 31188, CE 25 juillet 2007, req. n° 288720).

dispenses de la condition de diplôme et/ou de la formation au CRFPA et du CAPA.

Les avocats étrangers qui satisfont aux conditions édictées par les articles 99 et 100 du décret n° 91-1197 du 27 novembre 1991 peuvent également accéder à la profession d'avocat en France par une procédure simplifiée. On peut retenir que depuis son origine, l'accès à la profession d'avocat a été soumis à des conditions multiples et strictes visant à assurer au barreau sa cohésion, tout en préservant la moralité et la compétence de ses membres.

Dès l'Ancien Régime, une série de conditions devait être remplie par les candidats au barreau. Depuis un édit pris en avril 1679, l'objectif de l'Université était d'améliorer la formation des avocats et des magistrats. La prestation de serment est, dès le XVIIIe siècle, l'événement qui marque l'entrée de l'avocat au barreau. À l'époque, pour prêter serment, le candidat doit remplir trois conditions : il doit être licencié et avoir attendu du candidat sa catholicité et sa nationalité.

La construction progressive d'un groupe professionnel émerge. Le jeune licencié doit se présenter au parlement un jour d'audience, habillé selon l'usage et tenir de mains propres, après avoir assisté durant trois mois aux plaidoiries. Un ancien avocat le présente alors à la cour, et après vérification de ses lettres de licence, le président permet au candidat de prêter serment. Celui-ci est ensuite invité à s'installer au barreau. La prestation de serment est suivie d'un stage de deux ans, au terme duquel l'avocat est admis à signer des écritures.

La déclaration des droits de l'homme et du citoyen de 1789 a fait disparaître la condition de catholicité ; la condition de masculinité a été supprimée par une loi du 1er décembre 1900 qui a permis aux femmes de prêter serment d'avocat et d'exercer la profession. C'est aujourd'hui un article qui prévoit les conditions d'accès à la profession d'avocat : la capacité civile, le diplôme ou la compétence, la moralité.

En l'absence de justification des candidats à l'accès à la profession d'avocat, des conditions doivent être vérifiées soit par le conseil de l'Ordre du barreau saisi d'une demande d'inscription au tableau, soit par les autorités titulaires du diplôme ou d'aptitude à la profession d'avocat.

L'accès à la profession d'avocat est également conditionné par le respect d'une série d'incompatibilités prévues. Il me semble important de ne pas omettre la réciprocité comme l'une des conditions d'accès à la profession d'avocat.

2.4. La condition de réciprocité

Sous l'Ancien Régime, aucune condition de nationalité n'était requise pour accéder au barreau. Ce n'est qu'au XIXe siècle que la déontologie ordinale a écarté en pratique les étrangers du barreau. Initialement, une condition de nationalité française était exigée pour l'admission des candidats au barreau, sous réserve d'accords internationaux prévoyant une réciprocité pour l'accès de certaines nationalités au barreau français.[141]

1. Réglementation générale

La loi du 31 décembre 1971, portant réforme de certaines professions judiciaires et juridiques a radicalement modifié cette exigence en substituant une condition de réciprocité à celle de nationalité. L'article 11 de la loi définit désormais trois catégories de personnes pouvant accéder à la profession d'avocat :

1) Les nationaux français ;

Les ressortissants d'un État membre de l'Union européenne ou partie à l'accord sur l'Espace économique européen;

2) Les ressortissants d'un État n'appartenant pas à l'UE qui doivent justifier que l'État d'origine accorde aux Français la faculté d'exercer sous les mêmes conditions. L'accès à la profession est en outre ouvert aux personnes possédant la qualité de réfugié ou d'apatride reconnue par l'Office français de protection des réfugiés et apatrides.

La loi de 1971 permet donc à toutes les personnes, quelle que soit leur nationalité, mais sos condition de réciprocité pour celles possédant la nationalité d'États n'appartenant pas à l'Union européenne, d'accéder à la profession d'avocat en France et de l'exercer. Il en résulte que la profession ne discrimine pas pour raison d'accès et son exercice quant à la nationalité.

Les ressortissants d'un état membre de l'union européenne ou d'un état parti à l'accord sur l'espace économique européen

Les règles européennes de libre circulation et d'établissement des professionnels qualifiés dans un État membre de l'Union européenne dont ils possèdent la nationalité impliquent qu'ils puissent accéder à la profession d'avocat en France, sous certaines conditions. Les ressortissants de ces États peuvent faire valoir leur qualification professionnelle acquise dans un des pays concernés pour les ressortissants de l'Islande, de la Norvège et du Liechtenstein, pays signataires de l'accord sur l'Espace économique européen.

Les nationaux de ces États peuvent donc accéder à la profession d'avocat soit après avoir obtenu le CAPA, soit après avoir justifié d'une qualification professionnelle acquise dans un État membre de l'Union européenne, après avoir réussi l'épreuve d'aptitude.

---

[141] E.-J LUZOLO BAMBI LESSA, *Manuel de Procédure Pénale*, PUF, 2014 .p. 27

2. Les avocats inscrits au barreau dans un état ou une unité territoriale n'appartenant pas à l'Union européenne

La profession d'avocat est également ouverte aux nationaux d'un État ou d'une unité territoriale n'appartenant pas à l'Union européenne. Cet accès est cependant subordonné à l'obligation de justifier que leur État d'origine ou l'unité territoriale où ils sont qualifiés accorde aux Français la faculté d'exercer sous les mêmes conditions l'activité professionnelle d'avocat. L'intéressé doit produire une attestation en ce sens. Les conditions d'exercice, dont celle relative au maintien d'une assurance de responsabilité civile professionnelle, doivent être vérifiées par le Conseil national des barreaux. Cet accès se fait par une autorisation d'exercice. Un arrêté fixe la liste des États accordant aux Français un droit d'exercice.

Un décret précise les conditions d'application. Un conseil de l'Ordre saisi d'une demande d'inscription d'un avocat titulaire du CAPA français, mais qui ne possède pas la nationalité d'un État membre de l'Union européenne, n'est pas tenu de statuer sur la cause de la justification de la condition de réciprocité. Il ne peut pas être vérifié par les autorités habilitées (IEJ) préparant à l'examen d'accès au centre régional de formation professionnelle des avocats et à la profession d'avocat qu'elle soit remplie, mais simplement l'accès à une formation.[142]

A. Définition de la condition de réciprocité

Une loi de 1971, a posé une condition de réciprocité : les ressortissants d'un État ou d'une unité territoriale n'appartenant pas à l'Union européenne doivent justifier que dans leur État, un avocat inscrit en France sous ce titre exerce la profession d'avocat en France sous ce titre.

Absolument ! Voici une synthèse générale du point a) "Les avocats ne possédant pas la nationalité d'un État membre de l'Union européenne" :

Ce point concerne les avocats qui sont citoyens de pays situés en dehors de l'Union Européenne et de l'Espace Économique Européen. Si un tel avocat était inscrit à un barreau dans son pays d'origine, il pouvait exercer la profession d'avocat en France en utilisant son titre professionnel d'origine. L'examen des matières et des modalités de cet examen de contrôle des connaissances est fixé par un arrêté. Seuls les avocats bénéficiaient de cette possibilité d'exercer sous leur titre d'origine. Le Conseil national des barreaux a précisé que les avocats inscrits auprès des barreaux de pays non membres de l'UE sont inscrits au tableau d'un ordre et exercent la profession.

La qualité d'avocat avec une ancienneté de 30 ans au jour du dépôt de la demande est considérée comme compétente.

---

[142] *Ibidem*

B. Les avocats ne possédant pas la nationalité d'un État membre de l'Union européenne

Ce point concerne les avocats qui sont citoyens de pays situés en dehors de l'Union Européenne et de l'Espace Économique Européen. Si un tel avocat était inscrit à un barreau dans son pays d'origine, il pouvait exercer la profession d'avocat en France en utilisant son titre professionnel d'origine. L'examen des matières et des modalités de cet examen de contrôle des connaissances est fixé par un arrêté. Seuls les avocats bénéficiaient de cette possibilité d'exercer sous leur titre d'origine.

Le Conseil national des barreaux a précisé que les avocats inscrits auprès des barreaux de pays non membres de l'UE sont inscrits au tableau d'un ordre et exercent la profession. La qualité d'avocat avec une ancienneté de 30 ans au jour du dépôt de la demande est considérée comme compétente.[143]

C. Les ressortissants d'un État membre de l'Union européenne avocats dans un État n'appartenant pas à l'Union européenne

Le dernier alinéa permet l'accès à la profession d'avocat par la voie de l'examen de contrôle des connaissances en droit français à ces ressortissants.

Il en résulte, par exemple, qu'un ressortissant allemand, anglais ou italien inscrit au tableau d'un barreau suisse, israélien ou australien sera autorisé à se présenter à l'examen prévu. Il en est ainsi dès lors que la qualité d'avocat acquise dans l'État n'appartenant pas à l'Union européenne est, semble-t-il, comparable à la qualité d'avocat. La preuve de cette condition de comparabilité sera exigée dès lors, d'une part, qu'il s'agit d'un ressortissant d'un État membre de l'Union européenne et, d'autre part, que la qualité d'avocat est obtenue par cette personne dans un État n'appartenant pas à l'Union européenne et constitue un élément de preuve de l'existence de la réciprocité avec cet État.

Une divergence d'appréciation existe cependant entre la Cour de cassation et le Conseil national des barreaux sur l'application de cette voie d'accès aux Français qui ont acquis la qualité d'avocat en dehors de l'Union européenne. La Cour de cassation retient que les Français qui ont acquis la qualité d'avocat en dehors de l'Union européenne ne peuvent bénéficier de conditions spécialement instaurées au profit de certains ressortissants étrangers et doivent s'ils veulent accéder à la profession d'avocat, passer par la voie du CAPA.[144]

Le Conseil national des barreaux considère au contraire, de manière constante, que les mots « il en va de même », prévus par la dernière phrase

---

[143] *Op. Cit.*
[144] *Op. Cit*

du dernier alinéa, ont pour effet de permettre à un Français, avocat dans un État européen et bénéficiant de ce même droit un ressortissant d'un autre État membre de l'Union européenne placé dans la même situation et, par conséquent, d'être autorisé à se présenter à l'examen de contrôle des connaissances en droit français. La solution retenue par la Cour de cassation contraint à la lettre des dispositions du dernier alinéa ainsi qu'à son esprit.

Aussi pour pallier cet effet, elle était appliquée par le Conseil national des barreaux, de créer une discrimination à rebours préjudiciable aux Français qui ont fait l'effort d'obtenir la qualification d'avocat dans un État non européen et qui, souhaitant exercer la profession d'avocat en France, participent de l'enrichissement et de la diversification des compétences du barreau français.

3. Les avocats étrangers

Les dispositions des articles 99 et 100 du décret de 1991 organisent l'accès permanent à la profession d'avocat des personnes qualifiées dans un autre État membre de l'Union européenne ou dans un autre État partie à l'accord sur l'Espace économique européen ou en dehors de cette Union et de cet Espace.

A. Les personnes remplissant les conditions pour être avocat dans un autre état membre de l'union européenne ou dans un autre état partie à l'accord sur l'espace économique européen autre que la France

➢ **Le droit commun**

L'article 99 transposé en droit français reconnaît la directive 89/48/CEE sur la reconnaissance des diplômes qui a été abrogée par la directive 2005/36/CE relative à la reconnaissance des qualifications professionnelles. Il permet aux personnes remplissant les conditions pour être avocat dans un autre État membre de l'Union européenne ou dans un autre État partie à l'accord sur l'Espace économique européen de s'inscrire à un barreau.

Il résulte de ces dispositions que l'avocat ayant acquis sa qualification professionnelle dans un État membre de l'Union européenne ou dans un État partie à l'accord sur l'Espace économique européen et qui entend exercer la profession d'avocat en France sous son titre professionnel d'origine doit être inscrit auprès du Conseil national des barreaux. Les candidats sont ainsi dispensés de la scolarité au sein d'un CRFPA et du CAPA.[145]

---

[145] L'article 99 transposé en droit français reconnaît la directive 89/48/CEE sur la reconnaissance des diplômes qui a été abrogée par la directive 2005/36/CE relative à la reconnaissance des qualifications professionnelles

> **Déroulement de la procédure**

Le décret de 2019-949 du 10 août 2019 modernise la transmission de la requête afin qu'elle soit autorisée à se présenter à l'épreuve d'aptitude. Celle-ci doit désormais être adressée par l'intéressé au Conseil national des barreaux, par télé procédure à partir du site de cette institution. Elle doit comprendre :

- L'exposé du fondement juridique de sa demande au Conseil national des barreaux ;

- L'indication du choix du Centre régional de formation professionnelle des avocats (CRFPA) devant lequel le candidat souhaite passer les épreuves de l'examen de contrôle des connaissances; il est précisé que seuls les centres de Versailles et de Paris sont habilités à faire passer l'épreuve d'aptitude en droit français. Conformément, pour l'application des dispositions de l'article 1er de l'arrêté du 7 octobre 2019, précise la liste des pièces accompagnant la demande du candidat.

Les documents justifiant de l'identité et de la nationalité du candidat en copie.

Les copies certifiées conformes des attestations de compétences, titres de formation ou des formations assimilées ou des documents justifiant de droits acquis lui donnant la profession d'avocat ou lorsque la profession d'avocat n'est pas réglementée.

1. Règlementation générale

Dans l'État d'origine, les copies des attestations de compétences délivrées par l'autorité compétente justifiant de droits acquis lui donnant accès à la profession d'avocat. Si ni l'accès à la profession d'avocat ou son exercice ni la formation y conduisant ne sont réglementés dans son État d'origine, la preuve par tout moyen justifiant qu'il a exercé à temps plein ou à temps partiel la profession d'avocat, au cours des dix dernières années, précédant la date de cet exercice.

Pour les titulaires d'un diplôme, certificat ou titre délivré par un pays tiers et reconnu par un État membre de l'Union européenne ou partie à l'accord sur l'Espace économique européen, une attestation émanant de l'autorité compétente de cet État membre ou partie certifiant de la durée de l'exercice professionnel sur son territoire et les titres correspondants. Tout document permettant d'apprécier si le requérant remplit les conditions prévues par l'article 99 du décret du 27 novembre 1991 précité, ainsi que le contenu détaillé de la formation ou du cycle d'études suivies.[146]

[146] Idem

Une attestation confirmant l'absence de suspension temporaire ou définitive de l'exercice de la profession ou de condamnations pénales. À l'exception de celles relatives à l'identité et à la nationalité de l'auteur de la requête, les pièces justificatives doivent être accompagnées de leur traduction en langue française par un traducteur habilité à intervenir auprès des autorités judiciaires ou administratives d'un État membre de l'Union européenne ou partie à l'accord sur l'Espace économique européen. La décision du Conseil national des barreaux est notifiée au requérant par tout moyen conférant date certaine à sa réception.

Il appartient au prononcé que sur la base d'un dossier complet, c'est-à-dire comprenant l'ensemble des pièces justificatives requises, il informe le requérant de tous documents ou éléments complémentaires nécessaires à l'instruction de son dossier. L'instruction se poursuit jusqu'à la production intégrale des certifications nécessaires à l'instruction de son dossier.

Le Conseil national des barreaux communique par décision motivée au plus tard dans un délai de trois mois à compter de la présentation du dossier complet de l'intéressé, sa décision. Le silence gardé pendant ce délai vaut décision implicite de rejet. Cette décision peut être soumise devant la cour d'appel de Paris dans les conditions prévues à l'article 102 du décret du 27 novembre 1991.

La décision du Conseil national des barreaux est notifiée, par tout moyen conférant date certaine à sa réception. Dans les quinze jours suivant la réception de la notification de la décision du Conseil national des barreaux, le candidat peut former un recours devant la cour d'appel de Paris. La cour d'appel de Paris statue dans le délai d'un mois suivant sa saisine.

2. Conditions pour bénéficier des dispositions de l'article 99

Le décret de 2016-576 du 11 mai 2016 a modifié l'article 99 du décret du 27 novembre 1991 afin de transposer les dispositions de la directive 2013/55/UE du Parlement européen et du Conseil du 20 novembre 2013 modifiant la directive 2005/36/CE relative à la reconnaissance des qualifications professionnelles et le règlement (UE) n° 1024/2012 concernant la coopération administrative par l'intermédiaire du système d'information du marché intérieur.[147]

Cette modification rend désormais l'article 99 précité désormais applicable aux personnes qui justifient soit de diplômes, certificats, autres titres ou formations assimilées permettant l'exercice de la profession dans un

[147] Le décret de 2016-576 du 11 mai 2016 a modifié l'article 99 du décret du 27 novembre 1991 afin de transposer les dispositions de la directive 2013/55/UE du Parlement européen et du Conseil du 20 novembre 2013 modifiant la directive 2005/36/CE relative à la reconnaissance des qualifications professionnelles et le règlement (UE) n° 1024/2012

État membre de la Communauté européenne ou dans un autre État partie à l'accord sur l'Espace économique européen, soit de l'exercice de cette profession là plein temps de la profession pendant une année au moins ou, en cas d'exercice à temps partiel, pendant une durée totale équivalente au cours des dix années précédant dans un État membre ou partie.

La preuve se fait notamment par l'accès ou l'exercice de cette profession, à condition que cet exercice soit attesté par l'autorité compétente de cet État. Ainsi, l'établissement en France des personnes ayant acquis leurs qualifications professionnelles dans un État membre de l'Union européenne ou partie à l'accord sur l'Espace économique européen autre que la France peut se faire sur la base de la reconnaissance de leurs qualifications après une année d'exercice dans cet État.

3. Contenu de la décision du Conseil national des barreaux

Le principe est celui d'un examen d'aptitude du candidat formé dans un autre État membre de l'Union européenne « sauf si les connaissances, aptitudes et compétences qu'il a acquises au cours de son expérience professionnelle ou de l'apprentissage tout au long de la vie et ayant fait l'objet d'une validation en bonne et due forme par un organisme compétent, dans un État membre ou dans un pays tiers, sont de nature à rendre cette vérification inutile ».

Si un examen d'aptitude doit être prescrit, le Conseil national des barreaux se prononce par une décision motivée qui précise les matières à vérifier, qui sont celles qui, ne sont pas couvertes par les qualifications dont le candidat a fait preuve. Le Conseil national des barreaux doit déterminer ces matières parmi celles figurant dans les programmes de l'examen d'accès à un centre régional de formation professionnelle et du certificat d'aptitude à la profession d'avocat.

Cette décision se fonde sur l'analyse du contenu détaillé de la formation postsecondaire du candidat afin de déterminer si elle porte sur des matières substantiellement différentes de celles qui figurent aux programmes de l'examen d'accès à un centre régional de formation professionnelle et du certificat d'aptitude à la profession d'avocat. Ainsi, les activités professionnelles dont l'exercice est subordonné à la possession de ces diplômes et qui ne sont pas réglementées dans l'État membre d'origine ou de provenance sont réglementées de manière différente de celles qui sont réglementées par une formation spécifique reçue en France portant sur des matières substantiellement différentes de celles couvertes par le diplôme dont le demandeur fait état.

Cette différence est justifiée par le fait que l'exercice de la profession d'avocat (conseil juridique et représentation en justice) est étroitement et fortement lié à la fourniture du droit national et dont il connaît nécessairement le droit national. [148]

Le Conseil national des barreaux doit donc déterminer s'il est nécessaire de soumettre le candidat à un examen d'aptitude qui porte sur les matières du droit français et/ou de la procédure française avec les matières équivalentes aux programmes de l'examen d'accès à un centre régional de formation professionnelle et du certificat d'aptitude à la profession d'avocat. Autrement dit, le Conseil national des barreaux, saisi également de la demande d'un avocat étranger, doit s'assurer de la qualification professionnelle de l'intéressé.

À cette fin, il doit s'assurer objectivement de l'équivalence des connaissances certifiées par le diplôme national. Cette appréciation de l'équivalence des connaissances doit être faite exclusivement en tenant compte du degré des connaissances et des compétences que ce diplôme permet de présumer compte tenu de la nature et de la durée des études et de la formation pratique qui s'y rapportent dans le chef du titulaire. L'examen comparatif des diplômes étrangers correspondant aux études exigées par les autorités françaises et attestées par le diplôme étranger correspondant aux études exigées par les autorités françaises et attestées par le diplôme étranger révèle les conditions nécessaires pour que ce diplôme remplisse les conditions posées par celles-ci.

Si la comparaison révèle qu'une ou plusieurs qualifications essentielles à l'exercice de la profession d'avocat en droit français n'existent pas ou sont sensiblement différentes et que les connaissances et qualifications manquantes ne peuvent être compensées par l'expérience professinnelle acquise par le demandeur, l'autorité compétente doit prendre en considération toute expérience pratique utile à l'exercice de la profession : laquelle l'accès est demandé.

Dans un premier temps, le Conseil national des barreaux doit comparer le droit français avec le droit de l'État membre d'origine. Il doit rechercher si les matières reconnues juridiquement indispensables à l'exercice de la profession d'avocat en France sont couvertes par le diplôme étranger. S'il existe des différences substantielles quant aux matières couvertes, le Conseil national des barreaux peut soumettre le candidat à un examen d'aptitude portant sur le droit français (civil, pénal, administratif, droit des affaires et droit allemand). Il en va de même pour les règles de procédure (civile, pénale et administrative).

---

[148] B*ERNARD BARBICHE, Les institutions de la monarchie française à l'époque moderne*, PUF, Paris, 1999

Ensuite, le Conseil national des barreaux doit tenir compte, le cas échéant, de la formation universitaire suivie par le candidat (par exemple, ses échecs ou ses succès partiels). L'expérience professionnelle nationale ou internationale du candidat est également prise en considération. [149]

Le Conseil national des barreaux peut ainsi dispenser le candidat de l'examen d'aptitude lorsque l'expérience professionnelle acquise permet de combler l'éventuelle absence de connaissances en droit français.

4. Nature et déroulement de l'épreuve d'aptitude

Les dates et lieux des épreuves sont fixés par le président du conseil d'administration du CRFPA choisi par le candidat. L'épreuve d'aptitude est organisée par le CRFPA « tout moyen permettant d'assurer l'égalité entre les candidats ainsi que la confidentialité des sujets éprouvés ». L'inscription à l'examen d'aptitude est régie par l'arrêté du 11 juillet 2022. Le jury de l'épreuve d'aptitude est désigné par le directeur du CRFPA[150].

a. Les quatre épreuves sont imposées au candidat.

Lorsque quatre épreuves ont été subies avec succès par le candidat, le Conseil national des barreaux lui délivre une attestation de réussite à l'épreuve d'aptitude.

Nul ne peut se présenter plus de trois fois à l'épreuve d'aptitude. Enfin, un nouvel article prévoit les conséquences tirées lors d'une éventuelle fraude lors de l'examen d'aptitude.

b. Réussite à l'épreuve d'aptitude en droit français

L'admission est prononcée par le jury au vu de la moyenne obtenue par le candidat à l'ensemble des épreuves. Le candidat est déclaré apte s'il obtient une moyenne au moins égale à 10 sur 20. Le jury établit la liste des candidats admis.

La réussite aux examens de l'article 99 est fonctionnelle par la délivrance par le président du centre d'examen, d'une attestation. Cette attestation permet à l'avocat étranger de solliciter son inscription auprès du barreau de son choix et d'exercer cette profession.

c. Le cas particulier des ressortissants suisses

Le décret de 2009-199 du 18 février 2009 a abrogé les dispositions de l'article 99-1 du décret de 1991 relatif à l'application d'un régime particulier aux ressortissants suisses. Il en résulte que l'application de l'article 99-1 n'est plus justifiée. Pour autant, il n'en serait déduit que les ressortissants suisses

---

[149] Idem

[150] L'arrêté du 11 juillet 2022

ne peuvent accéder à la profession d'avocat en France qu'en application des dispositions de l'article 99 aux avocats non communautaires.[151]

En effet, la Suisse n'est pas membre de l'Union européenne ni partie à l'accord sur l'Espace économique européen. Depuis l'entrée en vigueur, le 1er juin 2002, de l'accord entre la Communauté européenne et ses États membres, d'une part, et la Confédération suisse, d'autre part, sur la libre circulation des personnes, les ressortissants suisses sont soumis sur le territoire de l'Union européenne aux mêmes règles que les ressortissants des États membres.

d. Rapport du Conseil national des barreaux sur l'application de l'article 99

Le Conseil national des barreaux établit tous les deux ans un rapport comportant un état de l'application de l'article 99 et un bilan de son application ainsi qu'une description des problèmes survenus et un bilan de l'application de la directive 2005/36/CE du 7 septembre 2005. Ce rapport est adressé au garde des Sceaux, ministre de la Justice.[152]

5. Conditions particulières d'inscription au barreau des personnes ayant acquis la qualité d'avocat dans un État ou une unité territoriale non européenne et n'appartenant ni à la Confédération suisse.

a) Déroulement de la procédure

La requête ainsi que les pièces à présenter à cet examen doivent être adressées par le requérant afin qu'il soit autorisé à se présenter à cet examen par télé procédure à partir du site de cette institution. Elle doit exposer le fondement juridique de sa saisine du Conseil national des barreaux et préciser les matières choisies pour la deuxième épreuve de rédaction d'une consultation juridique.

Les pièces en langue étrangère doivent être assorties d'une traduction en langue française par un traducteur certifié auprès des autorités de l'auteur de la requête. À l'exception de celles justifiant de l'identité et de la nationalité de l'auteur de la requête, cette traduction est faite par un traducteur inscrit sur l'une des listes nationales ou dressées par les cours d'appel, d'experts judiciaires ou par un traducteur habilité à intervenir auprès des autorités judiciaires ou administratives d'un autre État membre de l'Union européenne ou partie à l'accord sur l'Espace économique européen ou de la Confédération suisse.

---

[151] Le décret de 2009-199 du 18 février 2009 a abrogé les dispositions de l'article 99-1 du décret de 1991 relatif à l'application d'un régime particulier aux ressortissants suisses

[152] Directive 2005/36/CE du 7 septembre 2005

Aux termes de l'article 2 de l'arrêté précité du 7 janvier 1993, « le Conseil national des barreaux se prononce par décision motivée et notifie sa décision au candidat par tout moyen conférant date certaine à sa réception. Cette décision précise, le cas échéant, les épreuves dont le candidat est dispensé ». Le défaut de transmission de plusieurs pièces fait l'objet d'une notification du caractère incomplet du dossier envoyée au requérant et l'invitant à produire les pièces complémentaires nécessaires à l'instruction de son dossier.[153]

b) L'instruction de la demande par le Conseil national des barreaux est gratuite.

➢ Conditions pour bénéficier des dispositions de l'article 100

Deux conditions parmi celles requises pour pouvoir être autorisé à se présenter à l'examen présentent une importance particulière.

D'une part, la justification de la possession de la qualité d'avocat inscrit à un barreau d'un État tiers à l'Union européenne à la date de présentation de la demande au Conseil national des barreaux. Cette exigence signifie que le candidat doit justifier de son inscription régulière auprès d'une autorité compétente de cet État. D'autre part, l'attestation délivrée par cette même autorité compétente de l'État étranger qui doit notamment comprendre des indications relatives à la formation et à l'expérience professionnelle du candidat.

D'autre part, le candidat, s'il ne possède pas la nationalité d'un État membre de l'Union européenne ou la qualité de réfugié ou d'apatride délivrée par l'Office français de protection des réfugiés et des apatrides, doit justifier de la réciprocité. Cette formalité suppose que l'État dont le candidat est ressortissant accorde aux Français la faculté d'exercer sous les mêmes conditions l'activité professionnelle que l'intéressé se propose d'exercer en France.

Enfin, le candidat peut également être amené à produire les diplômes juridiques dont il est titulaire. Pour le cas de la France, L'article permet aux avocats étrangers, ayant déjà exercé leur profession dans leur pays d'origine, de devenir avocat en France.

➢ Dispense d'épreuves

Une dispense d'épreuves de l'examen peut être prononcée par le Conseil national des barreaux. En pratique, la dispense n'est plus accordée qu'au vu des travaux universitaires ou scientifiques du candidat qui la sollicite en précisant les matières sur lesquelles elle porte. Cela signifie que le Conseil national des barreaux ne prend plus en compte l'expérience professionnelle ou les diplômes étrangers mais se fonde notamment sur les travaux

---

[153] L'article 2 de l'arrêté précité du 7 janvier 1993

scientifiques ou universitaires rédigés et publiés par ce dernier démontrant sa connaissance du droit français dans la ou les matières pour lesquelles une dispense est sollicitée.

La dispense n'est pas de droit et constitue une simple faculté pour le Conseil national des barreaux. Elle ne peut porter que sur l'une des matières visées par l'arrêté précité du 7 janvier 1993 portant application des dispositions de l'article 100 du décret de 1991. Le Conseil national des barreaux examine ainsi la formation du demandeur au regard des travaux universitaires venant à son soutien pour but de déterminer de dispenser ou non le candidat de certaines matières essentielles pour l'exercice de la profession au barreau français.

Une dispense peut également être prononcée par le Conseil national des barreaux lorsque la coopération développée avec ses homologues étrangers permet de s'assurer que leur formation est comparable à celle qui seule justifie l'examen de contrôle des connaissances. À cet égard, l'absence de signature d'un accord de coopération, la référence à la seule nationalité américaine de l'intéressé, la formation d'un juriste inscrit dans un État d'Amérique centrale, de la licence française d'un avocat ayant antérieurement exercé dans cet État et une faculté de droit française, ne remplissent pas la condition de coopération établie prévue par l'article 100 du décret de 1991.[154]

➢ Nature et déroulement de l'examen de contrôle des connaissances en droit français

Les dates et lieux des épreuves sont fixés par le président du CRFPA qui adresse à tout intéresser candidat déclaré admis à la réception d'une convocation individuelle au moins un mois avant la date de la première épreuve.

L'examen de contrôle des connaissances défini par l'article 4 de l'arrêté précité du 7 janvier 1993 portant application de l'article 100 du décret du 27 novembre 1991 comprend trois épreuves écrites d'une durée de trois heures chacune :

➢ Une épreuve de rédaction d'une consultation juridique dans une matière choisie par le candidat (droit des obligations, droit commercial, droit du travail ou droit pénal) ; les candidats non dispensés par le candidat ne font pas l'objet d'un examen. [155]

➢ Deux épreuves écrites.

---

[154] Idem, l'article 100 du décret de 1991

[155] Idem

S'agissant du droit administratif, droit commercial, droit du travail ou droit pénal. Un entretien avec le jury portant notamment sur la réglementation et la déontologie de la profession. Le jury arrête les sujets des épreuves écrites auxquelles doit être soumis le candidat. Les candidats sont autorisés à se servir de codes et recueils de lois et décrets comportant des références d'articles, de doctrine et de jurisprudence, à l'exclusion toutefois de tout commentaire personnel.

Aucune disposition de l'article 100 du décret du 27 novembre 1991 ou de l'arrêté du 7 janvier 1993 pris en application de l'article précité « n'impose d'appliquer à l'épreuve de rédaction pour l'examen de droit civil ». En tout état de cause, il existe une double correction pour chacune des deux épreuves écrites de l'examen de contrôle.

L'examen peut être aménagé à leur demande pour les candidats justifiant souffrir d'un handicap ou d'un trouble de santé. Un nouvel article de l'arrêté du 7 janvier 1993 prévoit les conséquences à tirer d'une éventuelle fraude lors de l'examen d'aptitude.

➢ Réussite à l'examen de contrôle des connaissances en droit français

La réussite aux examens de l'article 100 du décret de 1991 est sanctionnée par la délivrance par le président du centre d'examen, d'une attestation. Cette attestation permet au candidat, s'il est reçu, de demander son inscription auprès du barreau français de son choix et d'exercer. Cette dernière est accordée et après prestation de serment sous le titre professionnel d'avocat.

➢ Contentieux des décisions d'admission prises par le jury du centre d'examen

Il résulte que, en l'absence de disposition spéciale, le recours exercé contre la décision du président du jury est formé suivant la règle commune. Il n'appartient pas à la cour d'appel saisie d'apprécier les mérites des candidats admis ou non aux épreuves écrites en la matière, mais de contrôler la régularité de l'organisation et du déroulement de l'examen au regard des règles applicables et des principes généraux en la matière.

Il note également qu'une nouvelle erreur d'appréciation du jury statuant sur une comparaison entre les diplômes d'un candidat qui a passé l'examen n'est pas susceptible d'être contestée.

➢ Le cas particulier des avocats inscrits au tableau du barreau du Québec

Les dispositions de l'article 100 du décret de 1991 ont été modifiées par le décret n° 2009-199 du 18 février 2009 afin de permettre au Conseil national des barreaux d'autoriser le candidat inscrit au barreau non communautaire d'épreuves de contrôle des connaissances en droit écrit. Il en résulte que la coopération développée par le Conseil national des barreaux avec ses homologues étrangers permet de s'assurer que leur formation est suffisamment comparable à celle qui seule justifie un examen de contrôle des connaissances.[156]

En l'état, cette situation ne couvre pas le cas de l'Accord de reconnaissance mutuelle signé entre le Conseil national des barreaux et le Barreau du Québec en 2006. Les professions libérales conclues le 17 octobre 2008 entre le Gouvernement du Québec et celui de la Province du Québec.

Cet ARM permet un accès facilité à la profession des avocats des deux parties signataires. Tenant compte de la proximité des droits et de la formation juridique suivie d'une durée comparable, les autorités reconnaissent que les avocats inscrits au barreau québécois sont français et que les avocats inscrits au barreau français sont québécois. Ils devront remplir les conditions spécifiques prévues par l'article 100 du décret de 1991 ainsi que les conditions spécifiques suivantes prévues par l'article 5.1 de l'ARM :

- L'obtention, sur le territoire du Québec, d'une autorité reconnue ou désignée par le Québec des titres de formation suivants : le LL.B en droit (baccalauréat en droit) ou le diplôme reconnu comme équivalent ;

- La personne concernée par la profession d'avocat au Québec est un avocat en exercice

- Ainsi que la justification d'une assurance responsabilité professionnelle couvrant l'activité professionnelle exercée en France par une protection égale ou supérieure à celle exigée des avocats inscrits au barreau concerné; cette condition est exigée au moment de la demande d'inscription au tableau. Et ce, conformément à la procédure de l'article 100 du décret de 1991, l'examen de contrôle des connaissances limité à la matière de déontologie et réglementation professionnelle est passé par un centre d'examen situé à Montpellier.

Cependant, remplir les conditions de l'ARM ne suffit pas pour en bénéficier. En effet, dans le cas d'un avocat radié d'un barreau français mais inscrit au barreau du Québec qui demandait à être inscrit en France sur le fondement de l'ARM, la Cour de cassation a estimé qu'il ne remplissait pas les conditions de complémentarité de l'article 6 de cet accord. Il ne s'ensuivait pas qu'il doive être inscrit au barreau dès lors que, ayant été radié pour des agissements contraires à la probité, il devait rapporter tous les éléments propres à rétablir la confiance que doit inspirer tout auxiliaire de justice.

---

156 Décret n° 2009-199 du 18 février 2009

Aperçu sur la profession d'avocat et évolution historique

Les hommes sont rarement à la fois objectifs, sereins, compétents et juridiquement aptes à la parole pour présenter et défendre leurs intérêts devant le juge. Aussi, de tout temps, les parties ont-elles fait recours à un porte-parole professionnel, qui, dépouillé des passions du plaideur, expose clairement les arguments susceptibles de déterminer la décision du juge. Ce porte-parole est l'avocat.

La fonction d'avocat tire son origine dans la plus haute antiquité. Dans la Rome antique, les patriciens étaient entourés de « clients » au sens particulier de ce terme. La défense en justice du « client » était une des obligations du patricien, naturellement gratuite. C'était en fait une des formes de son devoir de protection. Puis ont apparu les « Ad-vocati » qui ne sont pas encore des professionnels, mais des amis qu'on appelle à l'aide pour assurer sa défense. Ensuite, apparaît l' « orator », donc celui qui, parmi les amis, possède la connaissance du droit et maîtrise la rhétorique et prend la parole devant le préteur ou le juge. Peu à peu, il devient un professionnel mais sa fonction reste théoriquement gratuite pendant que dans la pratique, il peut recevoir en témoignage de reconnaissance, des présents parfois considérables.[157]

Conclusion

La « lex Cincia » et la « lex Augusta » tentent de mettre fin à ces abus en interdisant les présents à l' « orator», mais ces lois n'ont pas été respectées. L'empereur Claude substitue à l'interdiction une réglementation plus ou moins rigoureuse et impose une rémunération qui ne peut excéder 10.000 sesterces. Et plus tard, l'empereur Justinien autorise le groupement d'Avocats et établit ainsi l'acte de naissance des Barreaux ou Ordres des Avocats.

Que dire de la profession d'avocat en Suisse ?[158]

---

[157] GUERY Christian, « Le juge face à l'imprévisible et à la responsabilité sans faute », Le Monde, 30 octobre 2008.

[158] GOUALLE Laurent, « Du héros à l'escroc ; Hollywood et ses avocats », in Cinémaction, n°105, 2002.

Chapitre 6
La profession d'avocat en Suisse

Ce chapitre porte sur la profession d'avocat en Suisse. Il est organisé en deux sections. La première a pour pierre de touche l'évolution de la profession d'avocat en Suisse. La seconde section porte sur les conditions pour y accéder.

Section 1. Evolution de la profession d'avocat

Sur le territoire actuel de la Suisse, le Moyen Age et les Temps modernes connaissaient moins l'avocat issu du droit romain, juriste de formation, que le défenseur au sens du droit germanique. Ce "pourparlier" ou "avant-parlier" (en all. *Vorsprecher*), chargé de soutenir les parties devant la cour afin qu'elles agissent dans les formes, pouvait être désigné par le président parmi les membres du tribunal. [159]

Paradoxalement, il lui incombait à la fois de jouer un rôle d'intercesseur et de participer à l'élaboration du verdict. Grâce à son expérience pratique, mais aussi à ses connaissances juridiques, il devint bientôt l'indispensable accompagnateur des parties. Sa situation et ses devoirs sont réglementés notamment dans le *Miroir de Souabe*.

Au début des Temps modernes, la représentation dans les procès s'institutionnalisa et le professionnalisme s'instaura peu à peu, avec des porte-parole librement choisis et travaillant contre rémunération. La défense sur le fond s'ajouta à l'assistance formelle, tandis que la représentation des parties incombait aux procureurs. La profession comportait donc trois facettes concurrentes, qui se rapprochèrent dans la personne de l'avocat (en all. *Fürsprecher* ou *Advokat* selon les cantons).

Sous la République helvétique, les bases d'une procédure moderne furent établies, mais les timides essais de réglementation de la profession de juriste, se concrétisant notamment par un certificat de capacité dans le canton du Léman, ne purent supprimer le principe du libre exercice. [160]

---

[159] JEAN Jean-Paul, « Au nom du peuple français ? La justice face aux attentes des citoyens-usagers », dans Notre justice. Le livre vérité de la justice française, H. Dalle et D. Soulez Larivière (dir.), Paris, Robert Laffont, 2002

[160] BOHNET, *Les grands arrêts de la profession d'avocat,* 2ème éd., Neuchâtel 2010

A partir de 1803, les cantons romands, le Tessin et certains cantons alémaniques réformèrent profondément la profession d'avocat, qu'ils désiraient contrôler en raison de son importance pour la propriété, les droits civiques, la liberté, l'ordre et la sécurité publics. Une formation juridique, qui pouvait être acquise dans une école de droit (Ecoles juridiques), à l'université ou dans la pratique comme greffier ou juge, était sanctionnée par des examens et l'attribution d'un brevet cantonal.

Les autres conditions pour exercer étaient l'intégrité morale, un âge minimum et la jouissance des droits civiques. Dans les cantons campagnards et les petits cantons, la profession ne fut réglementée qu'entre 1890 et 1930.[161]

Les idéaux libéraux et démocratiques (liberté d'entreprise, égalité, liberté, clarté du droit), ainsi que l'aversion à l'égard des privilèges professionnels et des experts expliquent que la fonction d'avocat ait été en général tardivement réglementée en Suisse. Néanmoins, le niveau de formation n'eut pas à en pâtir, car à partir des années 1830, la pression exercée par le marché et l'évolution du droit furent telles que la plupart des avocats firent des études universitaires soit en Suisse, où furent créées de nouvelles facultés de droit, soit en Allemagne.[162]

Au XIXe s., la Codification du droit, rendu de plus en plus scientifique et rationnel, la systématisation de la procédure, la libéralisation sociale et politique, la bureaucratisation, l'essor économique, et surtout le caractère de plus en plus juridique des relations sociales (Normativité), que les avocats eux-mêmes encourageaient, firent de leur profession un métier d'élite. Dans de nombreux domaines, l'avocat devint presque l'équivalent du juriste.

L'avocat avait d'abord pour tâche de défendre et de représenter des clients privés devant le tribunal, ainsi que de leur prodiguer des conseils juridiques. Mais, la profession était aussi un tremplin pour d'autres carrières. [163] De nombreux avocats remplissaient des charges publiques parallèlement à leurs activités professionnelles, voire à plein temps (juges, greffiers, professeurs de droit, fonctionnaires, politiciens) ou bien étaient membres de conseils d'administration, responsables d'associations ou journalistes.[164]

---

161 HILL Adrian, « L'alcoolisme et la toxicomanie au sein de la profession juridique », Programme de prévention de l'Association du barreau canadien (http:/www.barreau.qc.ca/pamba/pdf/alcoolisme.pdf).

162 GUERY Christian, « La justice française au cinéma », Paris, Dalloz, Les cahiers de la justice, n° 4, 2009.

163 MARDORE Michel, « L'ère des ottomanes », in Collectif, Otto Preminger, Paris, Cinémathèque française et Éditions Yellow Now, 1993.

164 CHAPPUIS, *La profession d'avocat*, Tome I, Le cadre légal et les principes essentiels,

Ainsi renforcèrent-ils leur position comme médiateurs et comme experts en matière de droit et dans les questions touchant à la liberté, à l'ordre public, à la politique, à l'économie et à la société. En règle générale, les avocats suisses se présentaient sur le marché avec une attitude offensive. On n'observe jamais de fortes tendances protectionnistes ni d'esprit de caste excessif. Les membres de cette profession prestigieuse se recrutaient parmi la moyenne et petite bourgeoisie, dans des milieux nantis et cultivés. Les femmes furent admises au barreau à Zurich en 1898, et dans toute la Suisse dès 1923.

On vit apparaître à la fin du XIXe s. une certaine homogénéisation des normes cantonales (qui cependant n'ont jamais été unifiées) relatives à la formation, à la pratique et à la déontologie. Des chambres (ou des ordres dans quelques cantons romands) et des associations allaient assurer une forme d'autodiscipline au sein d'une profession qui doit constamment concilier l'ordre juridique établi et les intérêts de sa clientèle.

Les objectifs de la Fédération suisse des avocats fondée en 1898 (200 membres environ en 1898, 8400 environ en 2010) ne se sont guère modifiés au fil des années. Parallèlement aux efforts pour améliorer les règles de droit et la procédure dans le cadre cantonal et, à partir du milieu des années 1950, dans le cadre fédéral, la Fédération se préoccupe de défendre les droits et le prestige de la profession, encourage l'esprit de corps et recherche des contacts internationaux. En raison de la concurrence d'autres professions et de la spécialisation croissante de la leur, souvent dans le cadre de bureaux collectifs, les avocats ont vu régresser, surtout à partir des années 1960, leur rôle d'experts universels. Quelles sont les conditions pour accéder à la profession d'avocat en Suisse?[165]

Section 2. Conditions d'accès à la profession

En Suisse, l'avocat doit être titulaire d'un brevet délivré par une autorité du canton. Les conditions varient d'un canton à l'autre, mais la loi fédérale sur la libre circulation des avocats (LLCA) définit les conditions minimales auxquelles doivent répondre les avocats pour pouvoir plaider dans toute la Confédération.[48]

Pour être inscrit au tableau des avocats-stagiaires, le candidat doit être titulaire d'un *bachelor* (Baccalauréat universitaire) en droit. L'obtention du brevet, qui permet l'inscription au registre des avocats, nécessite quant à elle

---

2ème éd., Genève 2016 & Tome II – La pratique du métier. De la gestion d'une étude et la conduite des mandats à la responsabilité de l'avocat. Quid iuris ?, Genève 2013

[165] FAYARD, J-F, FIERRO, A., et TULARD, J., *Histoire et dictionnaire de la Révolution française (1789-1799),* Robert Laffont, Paris, 1987

le *master* (Maîtrise universitaire) en droit et la réussite d'un examen, accompli généralement après une période de stage de 2 ans (la durée minimale et les modalités sont toutefois propres à chaque canton). Dans le canton de Genève, il est en outre nécessaire de réussir, avant l'exercice du stage ou en parallèle, l'École d'Avocature du canton pour être admis à se présenter à l'examen du brevet.[49]

L'avocat, qui est un auxiliaire de la Justice, est soumis à une surveillance étatique. Il doit respecter les règles professionnelles, qui figurent exhaustivement dans LLCA et qui sont donc unifiées au niveau fédéral. L'avocat peut en outre être soumis aux règles associatives de l'Ordre des avocats, s'il en fait partie. Il y a un ordre des avocats par canton et toutes ces associations sont regroupées dans la Fédération suisse des avocats (FSA).

L'avocat est soumis au secret professionnel pour toute l'activité qu'il déploie dans le cadre de sa profession (conseils juridiques, représentation en justice, résolution extrajudiciaire des litiges). Ce secret protège la relation de confiance entre le client et son avocat. Ce dernier ne pourrait par exemple jamais être tenu de témoigner en justice contre son client, même si l'autorité de surveillance venait à délier l'avocat de son secret professionnel[34].

La rémunération de l'avocat est en principe fixée en fonction du temps qu'il doit consacrer à l'affaire, à un tarif horaire qui peut être fixé librement avec le client. La rémunération peut toutefois être modulée en fonction de l'importance du litige (valeur litigieuse), de la difficulté de la cause, de la responsabilité qu'encourt l'avocat et de la situation financière du client.

Il est en revanche interdit à l'avocat de renoncer par avance à tout honoraire au cas où son client succomberait en justice. De même, il lui est interdit de se faire promettre une rémunération au pro rata de ce que touchera son client (*pactum de quota litis*). En revanche, une récompense en cas de gain du procès, qui s'ajouterait aux honoraires de base, est en principe admise (*pactum de palmario*).

Section 3. La profession d'avocat en Suisse : Études, salaire, spécialisations

(Le texte du projet est disponible sur le site internet de la FSA: www.savfsa.ch; La loi fédérale sur la libre circulation des avocats, du 23 juin 2000).

Les origines du métier d'avocat dans l'histoire sont très anciennes. Les avocats ont même joué un rôle dans l'évolution du droit au fil des siècles. Longtemps réservé aux classes supérieures, l'accès au métier d'avocat s'est démocratisé et permet aujourd'hui aux plus modestes d'exercer cette profession prestigieuse.

Quelles études pour devenir avocat en Suisse ? Filière du droit L'accès à la profession d'avocat se fait en quatre étapes :

- Bachelor en droit (six semestres)
- Maîtrise en droit (trois semestres)
- Stage (durée variable en fonction des cantons, 18 mois à Genève, 24 mois à Lausanne)

1. Examen final

➢ Le chemin est donc assez long, la durée totale représente six ans et demi d'apprentissage. École d'Avocature de Genève - Une particularité du canton de Genève

Pour devenir avocat à Genève, il existe une spécificité genevoise qui est l'école d'Avocature. Le passage à l'école d'avocature est obligatoire et dure un semestre. La formation dispensée à l'école d'Avocature a pour but de renforcer les connaissances des étudiants avant ou pendant le stage d'avocat. La création de l'école d'avocature à Genève a permis de faire passer le taux de réussite de l'examen final de 50% en moyenne à 80%. Est-ce difficile de devenir avocat en Suisse ? Le chemin d'accès à la profession d'avocat présente deux obstacles majeurs.

Au niveau des études ce sont surtout les deux premières années du Bachelor de droit qui peuvent en décourager plus d'un. Le droit nécessite d'acquérir un mode de raisonnement et une logique juridique. Ces éléments sont primordiaux et constituent la base du travail d'un homme de loi. On dit souvent de cette période qu'elle formate le cerveau aux métiers juridiques. Les trois qualités les plus importantes à posséder pour franchir les premières années d'études sont la logique, la mémoire et la minutie.

Le second obstacle est surtout fonction des cantons. En effet l'accès à la profession d'avocat passe obligatoirement par le stage. Or dans certains cantons comme celui de Genève, il y a plus de demandes de stage que d'avocats disposés à recevoir un stagiaire. Dans cette situation seuls les meilleurs profils ou ceux qui disposent de contacts réussissent à trouver un stage. Heureusement pour les autres, ils peuvent se tourner vers d'autres professions du droit telles que juge, greffier etc.

L'examen final peut a priori intimider les étudiants. Il arrive cependant toute fin d'études et relève plutôt d'une dernière session d'examen que d'une réelle épreuve. Le taux d'échec est bas si l'on prend en compte le taux d'échec d'autres pays. Dans l'État de Californie le taux d'échec était de 72.7% en 2018, en France le taux d'échec était de 66% en 2018.

➢ Qualités requises pour devenir avocat

Des qualités différentes vont être nécessaires durant les études de droit puis durant l'exercice de la profession d'avocat. Durant les études il est surtout avantageux d'être travailleur, d'avoir une bonne mémoire, d'être logique et minutieux. Beaucoup pensent à tort qu'il suffit d'apprendre par cœur, ce qui est une erreur. Durant l'exercice de la profession ces qualités sont bien entendu toujours utiles mais parfois insuffisantes.

Pour être un bon avocat il est, par exemple, utile de développer une certaine roublardise et d'exceller dans la négociation.

L'exercice en Suisse des avocats étrangers est structuré par la distinction entre avocats UE/AELE et avocats extracommunautaires. Alors que les premiers bénéficient de facilités prévues par l'accord sur la libre circulation des personnes qui leur permettent d'exercer, sous le régime de la LLCA, dans des conditions proches de celles des avocats inscrits à un registre cantonal, les avocats extra-communautaires pratiquent dans une indifférence juridique partiellement comblée par des solutions ad hoc. En ce qui concerne le régime favorable des avocats UE/AELE, l'accord sur la libre circulation des personnes (ALCP) conclu le 21.6.1999 entre la Suisse et l'Union européenne prévoit la mise en œuvre des dispositions des Directives Prestation de Services[166] et Liberté d'établissement [167]

En ce qui concerne la liberté d'exercice ou d'établissement, le principe est le même pour les avocats UE/AELE qui pratiquent la prestation de services ponctuelle ou pour ceux qui s'établissent de manière permanente en Suisse: la liberté de pratiquer la représentation en justice et, corrélativement, la soumission aux règles professionnelles édictées par la LLCA. D'un point de vue pratique, l'avocat prestataire de services n'est pas inscrit en Suisse, alors que l'avocat établi est inscrit à un tableau tenu par les autorités cantonales. Pour éviter toute confusion, ce tableau est distinct du registre cantonal.

Toutefois, il demeure quelques domaines restreignant l'action des avocats UE/AELE. Le premier concerne le cas des avocats UE/AELE qui n'ont pas la nationalité suisse ou d'un État de l'UE/AELE. La pratique a parfois été incertaine en la matière, mais la Cour de justice de Genève a confirmé la double condition de nationalité et d'inscription dans un registre UE/AELE figurant à la LLCA. Au sein de l'Union européenne, la directive 2003/109/CE 4 du 25.11.2003 fait bénéficier les résidents de longue durée de l'égalité de traitement avec les nationaux, notamment, pour la reconnaissance des diplômes et des titres professionnels.

[166] (Directive 77/249/CEE)
[167] Directive 98/5/CE).

L'application de cette Directive à la Directive Établissement reste cependant incertaine. À notre connaissance, la question de l'égalité de traitement des résidents de longue durée n'a pas encore été invoquée devant les tribunaux suisses. Ensuite, l'article 23 de la LLCA (Services) et, par renvoi, son article 27 al. 2 (Établissement) prévoient que pour les procédures où l'assistance d'un avocat est obligatoire, l'avocat UE/AELE «agit de concert» avec un avocat inscrit à un registre cantonal. 5 Cette formulation est conforme à l'interprétation de la Directive Services rendue par la CJCE dans l'affaire Commission c. Allemagne (1988). La Cour avait jugé que l'obligation d'agir de concert ne s'applique pas lorsque la partie est autorisée par le droit national à se défendre seule, ou à se défendre par l'intermédiaire d'un représentant qui n'est pas avocat. La Directive Établissement avait expressément repris cette interprétation, incorporée ensuite au texte de la Directive.

La doctrine note qu'en Suisse les cas de défense obligatoire sont «peu nombreux», de sorte que l'action de concert est rare en pratique. Ceci n'empêche pas les avocats UE/AELE d'agir en pratique avec des avocats cantonaux de manière régulière, même lorsque la LLCA ne l'exige pas. Quant à la nature de l'obligation d'agir de concert, là encore la CJUE a très tôt restreint les velléités de certains États membres d'imposer des conditions drastiques. «Agir de concert» n'implique donc pas que l'avocat cantonal soit lui-même inscrit en tant que mandataire, ni n'assiste aux audiences éventuelles. Selon le Message, «la notion ‹agir de concert› se résume plus à une formalité, qui oblige notamment à élire domicile à l'étude de l'avocat inscrit au registre». Dans le cas de la liberté de prestation de services, cette élection de domicile a pour avantage de faciliter les notifications judiciaires.

Autre restriction, les avocats UE/AELE ne participent pas à l'élection des membres avocats de la Commission du Barreau de Genève, la loi prévoyant que les électeurs sont les avocats inscrits au registre cantonal au sens de la loi genevoise. Par comparaison, des avocats UE/AELE ont été élus dans les autorités au sein de l'Union européenne. Enfin, dernier exemple anecdotique tiré de la législation genevoise, les avocats UE/AELE ne peuvent agir comme maître de stage – s'ils sont en Suisse. Un avocat-stagiaire est en revanche autorisé à accomplir une partie de son stage à l'étranger, après avis de la commission du barreau. Un avocat-stagiaire peut donc être formé par un avocat UE/AELE hors de Suisse mais non en Suisse

En ce qui concerne l'assimilation, on désigne les processus permettant aux avocats inscrits au tableau UE/AELE de s'inscrire à un registre cantonal. La nécessité économique de l'assimilation n'est pas certaine. La pratique montre que certains avocats ne font qu'un passage de quelques années en Suisse, alors que d'autres continuent à exercer une carrière entière sous leur titre d'origine. La Directive Établissement permet aux avocats étrangers de continuer à pratiquer sous leur titre d'origine aussi longtemps qu'ils le souhaitent. La LLCA traduit cette disposition par la simple mention que l'avocat étranger UE/AELE «peut» demander à être inscrit à un registre cantonal des avocats.

Les avocats qui souhaitent bénéficier de l'assimilation peuvent utiliser les trois options suivantes, toutes prévues par la Directive Établissement et reprises à l'article 30 LLCA : La réussite à une épreuve d'aptitude. La justification d'une activité régulière en droit suisse pendant trois ans. L'entretien de vérification des compétences professionnelles. Il est important de remarquer que ces modes d'assimilation, même lorsqu'ils présentent des similitudes avec les modes d'obtention d'un brevet d'avocat, ne confèrent pas à leurs bénéficiaires un brevet d'avocat suisse. Ils permettent simplement à ces derniers de s'inscrire à un registre cantonal comme s'ils avaient un tel brevet, par exception à l'article 7 let. B LLCA.[168]

En ce qui concerne l'épreuve d'aptitude, elle est ouverte aux avocats ressortissants UE/AELE (y compris, donc, les ressortissants suisses) qui ont suivi un cycle d'études universitaires d'une durée minimum de trois ans, ainsi que la formation complémentaire éventuellement prévue, et possèdent le diplôme permettant l'exercice de la profession. La LLCA ne fait pas de distinction sur le contenu du cycle d'études, suivant en cela les termes de la Directive, elle-même influencée par la pratique de certains États membres, dans lesquels il est possible et même habituel de devenir avocat après avoir suivi une formation initiale non juridique.

Quant au contenu de l'épreuve d'aptitude, la CJUE a déjà eu l'occasion de considérer au regard de la Directive 89/48/CE E (elle aussi applicable au titre de l'ALCP) que le «contenu précis de l'épreuve d'aptitude doit être déterminé au cas par cas, après avoir procédé à une comparaison ponctuelle des qualifications et de l'expérience du demandeur», étant rappelé au surplus que le demandeur est «une personne déjà formée professionnellement dans un autre État membre».

La CJUE impose donc une liste des «matières considérées comme indispensables» et a eu l'occasion de retenir un manquement de l'Italie pour défaut de publication des modalités de l'épreuve et des matières considérées comme indispensables.

La LLCA reprend en apparence ces conditions en prévoyant, d'une part, que l'épreuve porte sur les matières qui figurent au programme de l'examen cantonal d'avocat, «et qui sont substantiellement différentes de celles comprises dans le cadre de la formation suivie par le candidat dans son État

---

[168] GUILLIEN, R.et VINCENT, J., *Lexique des termes juridiques*, 14e Ed., Dalloz, Paris, 2003.

de provenance», et d'autre part que le contenu de l'épreuve est fixé en tenant compte de l'expérience professionnelle du candidat. [169]

On peut cependant se demander si les modalités pratiques de l'épreuve sont entièrement alignées avec les pratiques prévalant au sein de l'UE. Ainsi, les directives genevoises prévoient que l'épreuve d'aptitude porte sur «l'ensemble du droit positif, fédéral et genevois, en vigueur au moment où elle a lieu», ce qui semble conforme avec l'exigence de la LLCA visant les matières au programme du brevet cantonal mais non avec l'exigence de différence substantielle avec les matières suivies par le candidat dans son État de provenance sauf à considérer l'intégralité du droit suisse comme tel, ce qui aboutirait à priver la disposition d'effet utile. En outre, la mention de l'ensemble du droit positif semble considérablement plus large que la notion de «matières considérées comme indispensables».

À cet égard, le Tribunal fédéral a eu l'occasion de dégager dans un arrêt relatif aux conditions d'inscription à l'examen du brevet d'avocat, les matières qu'il considère comme indispensables pour l'exercice de la profession d'avocat. Selon le Tribunal fédéral, «la procédure civile, le droit civil, le droit des obligations, le droit des poursuites, le droit pénal général, le droit constitutionnel et le droit international privé suisses» sont les «branches fondamentales du droit suisse». On pourrait considérer que c'est sur ces matières que devrait porter l'épreuve. [170]

En ce qui concerne la pratique régulière et effective pendant trois ans, la seconde voie d'assimilation, et de loin la plus choisie, est la pratique effective et régulière du droit suisse pendant trois ans. Cette voie implique pour l'avocat UE/AELE de prouver, notamment par des attestations d'avocats ou magistrats, ou encore par la production de jeux d'écritures, la pratique du droit suisse pendant trois ans. Cette durée de trois ans s'entend à compter de l'inscription au tableau UE/AELE. La LLCA ne pose pas de condition quant à la nature du droit suisse qui a été exercée. Ainsi, il n'est pas nécessaire d'avoir exercé dans tous les domaines du droit suisse, et la pratique effective et régulière du droit suisse dans un domaine particulier permet de recourir à la procédure d'assimilation. [171]

---

[169] CHEREL R. et PELLERIN L., « L'avocat pris au piège de l'imaginaire. Le cinéma de fiction comme source de l'histoire de la profession d'avocat. 1920-1990 », Revue de la Société internationale d'histoire de la profession d'avocat, 3, 1991

[170] SEKNADJE-Askezi E., « Mutineries, désertions et cours martiales durant la Première Guerre mondiale » Cinémaction, n°105

SEKNADJE-Askezi E., « Mutineries, désertions et cours martiales durant la Première Guerre mondiale » Cinémaction, n°105

[171] FABBRI Alexandra, « Les 7 passions de Maître Vergès, Commentaires en marge du film L'avocat de la terreur », Les Cahiers de la justice, Dalloz, 2009

En ce qui concerne l'entretien de vérification des compétences personnelles, cet entretien est extrêmement rare en pratique, et semble présenter peu d'intérêt. En effet, il suppose un exercice effectif et régulier du droit suisse, ce qui exclut la possibilité de le présenter d'emblée, lors de l'arrivée en Suisse. Dans ces conditions, il est généralement plus simple pour les avocats concernés de pratiquer pendant trois ans. [172]

Pour le cas particulier des avocats britanniques après le Brexit, les barreaux britanniques comprennent les solicitors et barristers d'Angleterre et du Pays de Galles, ainsi que d'Écosse et d'Irlande du Nord. Leur situation après le Brexit est réglée, de manière temporaire, par un des accords dits «Mind-the-Gap». La situation peut être résumée ainsi: les avocats britanniques qui étaient inscrits à un registre UE/AELE avant le 31.12.2020 conservent les droits acquis à cette date sans autre formalité.

De même, les personnes qui, au 31.12.2020, étaient avocates au Royaume-Uni ou en voie d'acquérir une qualification d'avocat, peuvent demander à exercer à titre permanent en Suisse et solliciter le bénéfice de l'assimilation dans les mêmes conditions que des avocats UE/AELE, jusqu'à la date limite du 31.12.2024. Quant à la prestation de service, les avocats britanniques peuvent exercer jusqu'à 90 jours par an pendant cinq ans à condition que cela soit au titre d'une lettre d'engagement datant d'avant le 31.12.2020. Enfin, les avocats britanniques qui n'avaient pas cette qualification, et n'étaient pas en voie de l'obtenir au 31.12.2020, ou encore étaient inscrits à un registre UE/AELE mais s'en sont désinscrits après cette date, sont désormais considérés comme des ressortissants d'État tiers.

On peut envisager que des négociations bilatérales complémentaires viennent pérenniser le régime de transition. Toutefois, les besoins des parties britannique et suisse sont à cet égard déséquilibrés. Alors que la partie britannique prévoit que les avocats suisses au Royaume-Uni pourront profiter de la période de transition pour évoluer vers une des qualifications ouvertes aux avocats étrangers, soit le statut de Registered Foreign Lawyer ou même une qualification d'avocat (solicitor) via la procédure dite Qualified Lawyer Transfer Scheme, il n'existe pas d'option similaire pour les avocats britanniques en Suisse. [173]

Concerne les avocats extra-communautaires tels que susmentionnés dans l'introduction, l'indifférence est le principe constaté dans la LLCA et, non pas l'interdiction à l'égard des avocats qui ne sont pas inscrits à un registre cantonal ou UE/AELE. En effet, les avocats qui n'appartiennent ni à un

---

[172] BOULLY Fabien, « Condamné en tant qu'homme. Les procès hitchcockiens », Esprit, août-septembre 2007, p. 204.Consulter sur Cairn.info

[173] FELICE Jean-Jacques de, « Être avocat pendant la guerre d'Algérie », in Juger en Algérie, 1944-1962, Paris, Seuil, « Le genre humain », no 32,.Consulter sur Cairn.info

barreau UE/AELE, ni à un barreau britannique au sens des accords Mind-the-Gap, ne font l'objet d'aucune réglementation au niveau fédéral. Certes, la Suisse s'est engagée au titre de l'art. VII GATS à reconnaître les qualifications de fourniture de service.

Dans sa liste d'engagements spécifiques annexée à l'Accord instituant l'OMC, la Suisse s'est notamment engagée à libéraliser la fourniture de conseils juridiques dans le droit de l'État d'origine et en droit international. Cette libéralisation peut déjà être considérée comme acquise, puisque au contraire des législations de pays voisins, le droit suisse restreint le monopole de l'avocat à l'activité de représentation en justice. [174]

Nous l'avons vu, le Tribunal fédéral reconnaît lui-même que «toute activité d'un avocat extra-communautaire en Suisse – à titre par exemple de conseil – n'apparaît pas d'emblée exclue». Ce champ est de manière générale plus vaste puisque les avocats étrangers en Suisse pratiquent notoirement, outre le conseil, l'arbitrage international, le droit de l'OMC, voire le droit du négoce ou le droit fiscal. Cependant, le refus par le seul canton de Berne à l'auteur de cet ouvrage, avocat inscrit au Barreau de Kinshasa et ayant fait son cursus universitaire en Suisse jusqu'au niveau de docteur en droit et ayant suivi 18 mois de formation à l'école d'avocat de Paris, n'a pas été sanctionné par le TF, alors que l'intéressé exerce par ailleurs comme mandataire professionnellement qualifié en droit d'asile, de la migration et de la nationalité dans tous les cantons suisses et au niveau fédéral ainsi que devant les instances internationales des droits de l'homme. [175]

En ce qui concerne la coopération entre avocats cantonaux et étrangers, la principale difficulté pour les avocats extra-communautaires est l'impossibilité de s'associer pour la pratique du barreau avec des avocats inscrits à un registre cantonal. [176]

Tout d'abord, au sein d'une structure d'exercice personne morale, la jurisprudence exige, au nom du principe d'indépendance comme de celui du respect du secret professionnel, que tous les associés soient inscrits à un registre cantonal, ce qui a pour effet d'empêcher un avocat extra-communautaire, considéré comme non-avocat au sens de la LLCA, de s'associer avec des avocats suisses. Le simple partage de locaux entre avocats extra-communautaires et cantonaux n'est pas non plus autorisé. Outre l'impossibilité de s'associer avec des avocats suisses, les avocats

---

[174] CARRERE Thierry, « Déontologie et secret professionnel », in Avocats. Le verbe et la robe, Issy-les-Moulineaux, Prat Éditions, 2009

[175] FRANÇOIS Ève, « Les femmes en avocature : une belle aventure ! », in Avocats. Le verbe et la robe, Issy-les-Moulineaux, Prat Éditions, 2009

[176] CARRERE Thierry, « Déontologie et secret professionnel », in Avocats. Le verbe et la robe, Issy-les-Moulineaux, Prat Éditions, 2009

extra-communautaires n'ont pas non plus la possibilité de recruter des avocats inscrits à un registre cantonal (ou au tableau UE/AELE).

En effet, le Tribunal fédéral considère que l'avocat salarié est dans une relation de subordination envers son employeur. Par conséquent, ce dernier doit présenter des garanties suffisantes en termes d'indépendance. De ce point de vue, le Tribunal fédéral considère que l'inscription à l'étranger ne permet pas de confirmer cette indépendance. En conséquence, il prohibe le recrutement d'avocats suisses par des avocats extra-communautaires. Aux fins des restrictions ci-dessus, les avocats UE/AELE pratiquant à titre permanent en Suisse sous leur titre d'origine sont assimilés à des avocats inscrits, et soumis à la même prohibition de s'associer avec des avocats extra-communautaires.[177]

En ce qui concerne l'autorisation ponctuelle, certaines législations cantonales prévoient le droit pour des avocats extra-communautaires de plaider ponctuellement devant les tribunaux. Ainsi, la LPAv vaudoise prévoit que la Chambre des avocats peut autoriser un avocat extra-communautaire à «plaider dans un cas spécial» devant les juridictions cantonales. La loi prévoit que les articles de la LLCA applicables à la prestation de services sont applicables «par analogie». 24 23 De même, la LPAv genevoise prévoit que le département de la sécurité peut autoriser un avocat extra-communautaire à assister une partie devant les tribunaux.

Au contraire de la loi vaudoise, il n'y a aucune référence à la LLCA, de sorte que la LPAv semble établir un régime distinct. En particulier, l'avocat étranger peut «assister» mais non «représenter» son client. Il ne peut plaider qu'«aux côtés» d'un avocat inscrit à un registre cantonal. Par rapport à l'action de concert de la LLCA, cette notion semble impliquer une présence plus directe de l'avocat cantonal. [178]

En pratique, cette autorisation est utilisée avec parcimonie et concerne surtout, soit des avocats appelés à assister un client en matière pénale, soit des avocats devant fournir à un tribunal un aperçu du droit étranger. Il en va de même pour les titres avocats et/ou Maître reconnus aux avocats susmentionnés, seuls les cantons de Genève, Fribourg et Vaud en Suisse Romande y prévoient dans leurs législations en la matière.

Concernant l'intégration aux ordres cantonaux et à la FSA, dès 1989, l'Ordre des avocats de Genève a développé l'intégration des avocats étrangers, y compris les avocats extra-communautaires, au sein d'une «Liste

---

[177] GARAPON Antoine, « Préface » à Barbara Villez, Séries télé, visions de la justice, Paris, PUF, 2005

[178] GEORGES Pierre, reportage paru dans Le Monde du 11 décembre 1976, repris dans Le Monde, Les grands procès, 1944-2010, P. Robert-Diard et D. Rioux (dir.), Paris, Les Arènes, 2009.

B» à l'instar du Barreau de Bruxelles en Belgique. La principale condition à réaliser était l'exercice effectif de la profession d'avocat à Genève. Avec l'entrée en vigueur de l'ALCP, la Liste B a été remplacée au sein de l'ordre genevois par une section des avocats de barreaux étrangers, permettant l'inscription à des avocats extracommunautaires aussi bien que des avocats UE/AELE. Dès 2018, les membres étrangers de l'Ordre des avocats de Genève ont pu s'inscrire à la Fédération suisse des avocats. Enfin, en 2019, l'assemblée générale de l'ordre genevois a voté la pleine intégration des membres de barreaux étrangers.

L'un des objectifs de cette intégration progressive était de faire participer au barreau local les avocats extra-communautaires qui exerçaient et continuent d'exercer à Genève, hors de toute réglementation sinon celle des autorités cantonales (consistant pour l'essentiel à la protection du titre d'avocat suisse). Quoique les avocats étrangers restent sous la surveillance des autorités de leur État d'origine, les capacités de ces dernières à exercer effectivement cette surveillance à l'étranger sont parfois incertaines. Ainsi, le barreau de Paris oblige ses 26 membres à l'étranger à s'inscrire auprès des autorités locales, jugées plus à même d'assurer une surveillance effective de l'activité. 27 En rejoignant l'Ordre, voire la FSA, les avocats extra-communautaires se soumettent volontairement à ses us et coutumes.

Leur adhésion permet également à ces avocats comme à leurs clients de bénéficier des services de conciliation en cas de litige avec des clients ou avec des confrères cantonaux ou étrangers. Enfin, les ordres comme la FSA mettent en place des activités de formation qui contribuent, elles aussi, à une meilleure intégration des avocats étrangers à leur pays d'exercice.

En ce qui concerne les consultants juridiques étrangers comme un exemple à suivre, le nombreux Barreaux prévoient un régime intermédiaire pour les avocats étrangers. C'est le cas par exemple du Barreau d'Angleterre et Pays de Galles, qui dispose du statut de Registered Foreign Lawyers. Ces derniers doivent être inscrits dans leur barreau d'origine, et bénéficient en contrepartie, une fois leur qualité vérifiée, de la possibilité de s'associer avec des avocats locaux et de pratiquer la profession dans certains domaines restreints. [179]

De même, la France a introduit en 2018 le statut de consultant juridique étranger. Ce statut s'adresse aux avocats extra-communautaires ressortissants d'un État ayant conclu un accord avec l'UE prévoyant l'activité de consultation juridique et de rédaction d'actes. Les pays concernés sont certains États américains, notamment le Chili, la Colombie, le Pérou, mais aussi la Corée du Sud, ainsi que certains pays européens

[179] WEST Morris L., The Devils advocate, London, Reprint society, 1959, trad. fr. C. Messadié, L'avocat du diable, Paris, Le Livre de poche, 1997.

comme la Moldavie, la Géorgie et l'Ukraine. Les consultants juridiques étrangers font l'objet d'une autorisation au cas par cas, après vérification notamment de leur inscription auprès de leur barreau d'origine et de la présentation d'un certificat d'assurance.

Ils prêtent serment au même titre que les avocats locaux et sont tenus au respect des mêmes règles, ce qui implique le respect de la confidentialité. Il est même prévu qu'ils participent à l'élection des membres des organisations représentatives.

L'intérêt de ce statut est qu'il permet l'exercice, non pas d'activités judiciaires, mais d'activités de conseil qui ne serait pas réglementées en Suisse et surtout qu'il ouvre le droit à des modes d'exercices réservés aux avocats. Les consultants étrangers peuvent ainsi exercer au sein d'une association ou autre groupement d'avocats, avec des avocats locaux. Ils peuvent également exercer dans le cadre d'une association de droit de leur État d'origine, après vérification par les autorités de certains points garantissant une indépendance de la structure d'origine: détention par des avocats, conseil d'administration comprenant au moins un avocat, etc. On peut se demander si la mise en place d'un régime similaire en Suisse nécessiterait une modification du droit fédéral, où s'il pourrait y avoir la place en droit cantonal pour des ajustements, dans le silence de la LLCA.

La réponse dépendra sans doute de la compatibilité d'un éventuel statut de consultant étranger avec les règles professionnelles figurant à l'article 12 LLCA, cf. Guillaume Tattevi, L'EXERCICE EN SUISSE DES AVOCATS ÉTRANGERS, Anwaltsrevue/Revue de l'avocat 6/7/2022 | S. 291–295 291, Anwaltspraxis, consultable sur internet: L'exercice en Suisse des avocats étrangers.[180]

Conclusion

On peut retenir qu'en Suisse, c'est la Constitution de 1874 dans sont l'art.5 des dispositions transitoires de la Cst. (reconnaissance du brevet d'un canton à l'autre) qui parle de la profession d'avocat. Jusqu'en 2002, un avocat d'un canton ne pouvait que difficilement plaider dans un autre canton. L'art. 5 des dispositions transitoires permettaient cela mais il fallait une autorisation. [181]

L'évolution de la réglementation cantonale dépendant de la jsurisprudence constitutionnelle fédérale. Par exemple ATF 49 I 14 (1923) – femmes avocats. C'est le premier arrêt qui ouvre les portes à ces dernières. Pour le Tribunal fédéral dans son arrêt du 27 avril 1993, in SJ 1993, 665, pas

---

[180] cf. Guillaume Tattevi, L'EXERCICE EN SUISSE DES AVOCATS ÉTRANGERS, Anwaltsrevue/Revue de l'avocat 6/7/2022 | S. 291–295 291

[181] MASSON Jean-Pol, Le droit dans la littérature française, Bruxelles, Bruylant, 2007.

d'exigence de nationalité de nationalité suisse pour exercer la profession d'avocat en Suisse. En conséquence, les étrangers autorisés à séjourner en Suisse peuvent devenir avocat si les conditions légales sont remplies. Le dernier chapitre porte sur l'internationalisation de la profession d'avocat entre méritocratie et discrimination.[182]

[182] SIPIERRE Dominique, Le crime organisé à l'écran, Quatre films exemplaires, Nantes, Éditions du Temps, « Questions de civilisation », 2002.

Chapitre 7

L'internalisation de la profession d'avocat: entre méritocratie et discrimination

L'avocat international est un juriste dont le domaine d'intervention couvre de nombreux pays ou Etats à travers le monde. Il est d'un apport capital pour toute personne physique ou morale qui a des structures ou litiges à l'extérieur de leurs pays. Aujourd'hui, un avocat international est plus qu'un simple juriste, il devient un véritable atout pour le développement et la prise de décision économique des sociétés.[183]

Dans ce chapitre, il est question de démontrer comment les Etats européens violent intentionnellement le principe de réciprocité dans la profession d'avocat du fait que les avocats ressortissants de leur pays, ont la facilité d'exercer en Afrique et partout ailleurs mais ceux venant d'Afrique sont interdits d'exercer. Ici, je vais parler de mon expérience personnelle.[184]

Il n'y a pas de texte international liant la France, la RDC et la Suisse qui régit spécifiquement la profession d'avocat. Mais, il existe des instruments qui ont un caractère de soft law, adoptés par des Organisations internationales, tels que des textes de l'ONU, notamment la recommandation 21 sur la liberté d'exercice du barreau lors d'un Congrès des Nations Unies sur les devoirs du barreau, bien que ces textes n'aient aucun effet légal.[185]

Toutefois, la CEDH au niveau régional européen et le Pacte ONU II au niveau universel, s'appliquent dans les pays sous examen où ils touchent la profession d'avocat et protègent des droits qui peuvent être en relation avec le métier d'avocat. Ces droits peuvent toucher le mandant/client et le mandataire/avocat :

A) protection des mandants - droit du prévenu à bénéficier défenseur de son choix, art. 6 § 3 let. C CEDH et 14 § 3 let. B Pacte ONU II : vise la matière pénale, donc défense au pénal, mais vaut aussi pour la défense en matière de sanction disciplinaire en milieu carcéral (en prison, ce n'est en effet plus un juge qui s'occupe du prévenus, mais même dans ces domaines particuliers prévenus ont droit à un défenseur, et avocats peuvent être

---

[183] PIRON, P., et STROUVENS, *Codes et lois du Congo belge*, Ed. Larciers, Bruxelles, 1948

[184] LEUWERS Hervé, L'invention du barreau français, 1660-1830, Paris, Éditions de l'École des hautes études en sciences sociales, 2006.

[185] MAILER Norman, The execution's song, N. Mailer, L. Schiller and the New Ingot Company inc., 1979, trad. fr. Jean ROSENTHAL, Le chant du bourreau, Paris, Robert Laffont, 1979.

interpellés). On tire ce de droit le droit d'être assisté d'un avocat dès les premières auditions par la police : ce droit vaut aussi durant phase de l'enquête policière, et durant le interrogatoire.[186]

La France et la RDC limitent l'accès de certaines cours à certaines catégories d'avocats, ce n'est pas le cas en Suisse où tout avocat peut prester devant le TF qui est la haute juridiction du pays. En effet, devant certaines cours de cassation et des Conseils d'Etat congolais et français, il y a seulement un certain cercle limité d'avocats avec un agrément qui peuvent plaider. Par ailleurs, il faut encore que l'assistance accordée par l'avocat soit effective, concrète et compétente (ATF 6B_708/2007, c.4.1.1).

Cette effectivité vaut dans 2 sens: l'avocat doit pouvoir exercer son métier dans des conditions acceptables. Ainsi, il faut qu'il y ait un secret professionnel et que l'avocat ait un temps de visite des clients suffisamment long. On ne peut pas empêcher l'avocat de rencontrer son client. Il y a un droit d'accès au client. - Cette effectivité vaut aussi quant à l'avocat lui-même : il doit agir avec compétence pour assurer une défense effective. [187] Si l'avocat d'office s'avère incapable, que défense plus effectuée de manière correcte, prévenu au droit à un nouveau conseil d'office.

L'autorité étatique décide s'il y a ou non droit à un nouveau conseil : elle a le devoir de le remplacer s'il n'arrive pas à assurer une défense effective au sens de l'art. 6 CEDH et de l'art. 14 Pacte ONU II. Mais l'Etat ne peut pas donner d'instructions à l'avocat et n'a pas de droit de regard sur la stratégie employée par l'avocat, car les choix stratégiques relèvent de l'avocat uniquement. [188] Le droit à un procès équitable (art. 6 § 1 CEDH et 14 Pacte ONU II) vise la matière civile. L'art. 6 § 1 CEDH garantit le droit à un avocat. Le but est d'assurer à chaque justiciable l'accès à la justice et l'égalité des armes. [189]

Les droits fondamentaux des avocats : - Tout avocat inquiété dans une procédure civile ou pénale bénéficie des mêmes droits que n'importe quel justiciable, en particulier il ne peut pas être privé d'un avocat (en principe un avocat prend un autre avocat pour le défendre). Sur le sphère professionnelle de l'avocat protégée, il a droit au respect de sa vie privée et de sa correspondance (art. 17 Pacte ONU II). Le secret dont il n'est dépositaire

[186] Art. 6 § 3 let. C CEDH et 14 § 3 let. B Pacte ONU II : vise la matière pénale
[187] NKULU KILOMBO, *Profession d'Avocat : règles et usages en matière disciplinaire*, SECCO, Kinshasa, 1992
[188] Suisse: F. BOHNET/V. Martenet, *Droit de la profession d'avocat*, Précis Stämpfli, Berne 2009
[189] ORTOLI Philippe, « Le glaive et la balance : le justicier dans le cinéma américain », Cinémaction, n°105

qu'à l'égard de son client, permet de conserver les intérêts fondamentaux de son métier.[190]

Pour sa liberté d'expression (art. 10 CEDH et 19 Pacte ONU II), elle est plus grande en oral qu'en écrite, car on conçoit qu'emporté par l'audience on puisse tenir des propos qu'on regrette, alors que par écrit on a le temps de réfléchir, donc moins tolérant.[191] Pour la liberté d'association (art. 11 CEDH et 22 Pacte ONU II), l'accord sur la libre circulation des personnes (ALCP) permet la libre circulation pour les avocats d'Etats membres de l'UE et de l'AELE, dont la France et non la RDC. Ce chapitre est organisé en deux sections.

La première parle du mérité d'exercer à l'international. La seconde évoque les discriminations dans la profession.[192]

Section 1. Le mérite d'exercer à l'international

Je parle de l'avocat international et de son rôle dans cette première section.

1.1. L'avocat international

Un avocat international est un professionnel du droit dont le domaine de compétences va au-delà de son territoire de formation. Outrepassant la scène nationale, c'est un spécialiste du droit international. Le droit international est une partie du droit qui traite des rapports entre Etats, entre Etats et organisations internationales, entre Etats et individus étrangers ou encore entre les personnes physiques ou morales de différents Etats.[50]

Prof. Bidc. Me. Ange SANKIEME LUSANGA, Président de l'Association Juristes et théologiens Mobile Migrations et Développement (JeTM-MED), inscrite au registre des associations du Tribunal judiciaire de Mulhouse (volume 84 folio 135), depuis le 06/12/2007 et en Suisse depuis 2014 (AVS n° 1291585/325468-0000-0), Docteur en droit et en théologie des Universités de Berne et de Bâle/Suisse, Professeur d'universités en République Démocratique du Congo, Ancien Elève de l'Ecole de Formation professionnelle des barreaux du ressort de la cour d'appel de Paris (EFB)/France, Avocat au Barreau de Kinshasa/Matete (carte d'avocat n°53021), Membre de l'Union Internationale des Avocats, UIA (carte de

---

190 KRYNEN Jacques, L'idéologie de la magistrature ancienne, Paris, Gallimard, « Bibliothèque des histoires », t. I, 2009.

191 LA ROCHE-FLAVIN Bernard de, Treze livres des Parlements de France, Bordeaux, 1617.

192 WASSERMAN Jacob, Der Fall Maurizius, Munchen, Langen Müller Verlagsbuchhandlung, trad. fr. J.-G. Guideau, Paris, L'affaire Maurizius, Mémoires du Livre, 2000.

membres n° MI037383), Mandataire professionnellement qualifié en droit des migrations et droits humains en Suisse et à l'international.[193]

Partant de mon expérience et mes compétences professionnelles, j'ai les qualités requises pour exercer à l'international notamment en Suisse mon pays d'accueil et en France où j'ai obtenu le certificat d'aptitude à la profession d'avocat (CAPA). Mais, le comble est qu'aucun de ce pays ne me considère comme tel pendant que toutes les conditions d'accès [194] à la profession dans leur pays sont réunies. Pourquoi cette politique de deux poids, deux mesures ? Quel est le rôle de l'avocat international ?[195]

1.2. Rôle d'un avocat international

Les avocats ou juristes internationaux ont de nombreuses fonctions, à commencer par les fonctions classiques du juriste comme la rédaction des baux ou encore la négociation des contrats mais ici dans un contexte international. Leurs savoir-faire et expertise leurs permettent de travailler pour des structures variées telles que des cabinets d'avocats, les associations et organisations internationales, ou encore les services juridiques des grandes administrations ou grandes entreprises. Ils prodiguent des avis et conseils juridiques en matière de droit et sont organisés à l'intérieur des barreaux nationaux.[196]

Mais, plus précisément, le droit international se divise en deux parties, le droit international public et le droit international privé. Un avocat international est donc un juriste du droit international public ou un juriste du droit international privé. En fonction de cette division, le rôle de ce professionnel du droit peut varier.

Le rôle d'un avocat spécialisé en droit international public est de s'occuper des relations légales les acteurs de la scène internationale à savoir : les Etats, les organisations internationales, les ONG et les personnes physiques. Le rôle d'un avocat spécialisé en droit international privé pour sa part est plutôt de s'occuper d'éventuels litiges commerciaux entre les sociétés et personnes physiques issues de différents Etats. Que dire de la discrimination dans la profession ?

---

[193] BADINTER Robert, « Peut-on être avocat lorsqu'on est juif en 1940-1944 ? », in Le droit antisémite de Vichy, Paris, Seuil, « Le genre humain », 1996, n°30/31.Consulter sur Cairn.info

[194] https://www.useyourlaw.com/author/useyourlaw/ consulté le 10 février 2025 à 02h59

[195] MUPILA NDJIKE (H.-F.) et WASENDA N'SONGO, *Code de déontologie des Avocats,* Pax Congo, Kinshasa, 2002 ;

[196] SAPIRO Gisèle, « Les professions intellectuelles entre l'État, l'entrepreunariat et l'industrice », Le Mouvement social, 2006/1, no 241.

Section 2. Discrimination dans la profession

Je rappelle les faits et la procédure. Je termine par in limine. Litis.

2.1. Rappel des faits et de la procédure

Né à Kinshasa en République Démocratique du Congo (RDC) le 25/02/1970, marié Nöemi GUTZWILLER, née le 02/03/1973, père de 6 enfants (Melia, née le 10/10/1999; Norina, née le 29/09/2002; Jean-Placide, né le 30/06/2006; Noan, né le 16/12/2010; Louange, née le 16/05/2015; Liam, né le 04/08/2017). J'ai fait mes études universitaires en Suisse et pratique comme mandataire professionnellement qualifié en droit d'asile, droit des étrangers et droit de la nationalité en Suisse depuis 2001.

Entré à l'EFB en 2016, j'ai suivi une formation théorique et pratique de 18 mois, au terme de laquelle j'ai passé tous les examens du Certificat d'aptitude à la profession d'avocat (CAPA). Mais, à ce jour, je n'ai jamais été notifié de mes notes de la session du rattrapage.

Avocat au Barreau de Kinshasa/Matete en République Démocratique du Congo, j'ai déposé ma demande au Conseil national des barreaux (CNB), en sollicitant notamment d'être dispensé des épreuves de l'examen de contrôle des connaissances en droit français, en application de l'article 100 du décret n° 91-1197, du 27 novembre 1991, organisant la profession d'avocat, sur la base de mes travaux universitaires et scientifiques officiellement publiés.

Le Conseil national des barreaux m'autorisé le bénéfice des dispositions de l'article 11 dernier alinéa de la loi n° 71-1130, du 31 décembre 1971 et de l'article 100 du décret n° 91-1197, du 27 novembre 1991, organisant la profession d'avocat mais a rejeté ma demande de dispense d'épreuves et dit que pour pouvoir m'inscrire à un barreau français, je suis soumis à un examen de contrôle des connaissances en droit français, sans mentionné mes diverses publications scientifiques, notamment en droit français.

En conséquence, cette décision notifiée le 27/11/2024 (ci-jointe) est déférée à la Cour d'appel de Paris, par voie postale à la Cour d'Appel de Paris 34, Quai des Orfèvres 75055 Paris Cedex. En effet, je me suis trompé d'adresse et me suis rendu en Métro par la ligne 14 au Tribunal judiciaire de Paris, PARVIS DU TRIBUNAL DE PARIS. Or je devais reprendre le TGV de 14h22 en direction de Zurich où je rédige à bord les présentes conclusions dont je compte poster ce soir depuis Mulhouse.

L'arbitraire doit être évité bien que la Cour rappelle par analogie que : « que la décision de refus d'une dispense d'une ou plusieurs épreuves du contrôle des connaissances est une simple faculté laissée à l'appréciation du CNB sur la valeur et les mérites des travaux universitaires et scientifiques du candidat au regard des matières de l'épreuve pour laquelle la dispense est sollicitée et cette décision qui n'a pas à être motivée (Cass. civ. 1, 12 octobre 2004, n° 01-16.763, ne relève pas du contrôle de la cour ». Que retenir in limine litis ?

2.2. In limine litis

In limine litis, le CNB ne doit pas soulever l'exception d'irrecevabilité. En effet, le recours doit être effectué dans un mois à compter de la date de notification de la décision, dans les conditions prévues à l'article 16 du décret du 27 novembre 1991 : « Le recours devant la Cour d'appel est formé par lettre recommandée avec demande d'avis de réception adressée au secrétariat-greffe de la Cour d'appel ou remis contre récépissé au greffier en Chef. Il est instruit et jugé selon les règles applicables en matière contentieuse à la procédure sans représentation obligatoire. Le délai du recours est d'un mois », tel que précisé d'ailleurs par la décision attaquée. Par ailleurs, il est démontré qu'une telle exception ne pourra prospérer.

Irrecevabilité des recours

Les recours sont soumis à la Cour d'appel territorialement compétente. En l'espèce, il apparait clairement que je saisi la Cour d'appel de PARIS s'agissant des difficultés rencontrées dans le cadre mon inscription professionnelle comme avocat en France.

Les termes de l'article 14 de la loi n°71-1130 du 31 décembre 1971 sont donc reçu application. Le CNB indique de diligenter la procédure d'appel conformément aux termes de l'article 16 du décret du 27 novembre 1991.

Cet article énonce : «Le recours devant la cour d'appel est formé par lettre recommandée avec demande d'avis de réception adressée au secrétariat-greffe de la cour d'appel ou remis contre récépissé au greffier en chef. Il est instruit et jugé selon les règles applicables en matière contentieuse à la procédure sans représentation obligatoire. Le délai du recours est d'un mois. Sauf en matière disciplinaire, le conseil de l'ordre est partie à l'instance. La cour d'appel statue en audience solennelle dans les conditions prévues à l'article R. 212-5 du code de l'organisation judiciaire et en la chambre du conseil, après avoir invité le bâtonnier à présenter ses observations. Toutefois, à la demande de l'intéressé, les débats se déroulent en audience publique ; mention en est faite dans la décision.

La décision de la cour d'appel est notifiée par le secrétariat-greffe par lettre recommandée avec demande d'avis de réception au procureur général, au bâtonnier et à l'intéressé. Le délai d'appel suspend l'exécution de la décision du conseil de l'ordre. L'appel exercé dans ce délai est également suspensif ». Cet article est bien celui qui s'applique en la matière et là, j'ai scrupuleusement suivi la procédure. De plus, la procédure telle que rappelée par la Cour de cassation est bien respectée (Cass. 1ère civ. 5 mars 2009, n°07-20.422).

La Cour ne pourra donc pas prononcer l'irrecevabilité des recours où j'ai d'ailleurs sollicité le bénéfice de l'aide juridictionnelle.

AU FOND

En droit

Sur le respect des droits fondamentaux et la non-discrimination, l'article 21 de la Charte des droits fondamentaux de l'Union Européenne énonce le principe général de non- discrimination, qui interdit notamment les discriminations fondées sur le sexe, la race, la couleur, les origines ethniques ou sociales, les caractéristiques génétiques, la langue, la religion ou les convictions, les opinions politiques ou toute autre opinion, l'appartenance à une minorité nationale, la fortune, la naissance, un handicap, l'âge ou l'orientation sexuelle.

La discrimination est également définie à l'article 225-1 du Code pénal comme étant "toute distinction opérée entre les personnes physiques sur le fondement de leur origine, de leur sexe, de leur situation de famille, de leur grossesse, de leur apparence physique, de la particulière vulnérabilité résultant de leur situation économique, apparente ou connue de son auteur, de leur patronyme, de leur lieu de résidence, de leur état de santé, de leur perte d'autonomie, de leur handicap, de leurs caractéristiques génétiques, de leurs mœurs, de leur orientation sexuelle, de leur identité de genre, de leur âge, de leurs opinions politiques, de leurs activités syndicales, de leur capacité à s'exprimer dans une langue autre que le français, de leur appartenance ou de leur non-appartenance, vraie ou supposée, à une ethnie, une Nation, une prétendue race ou une religion déterminée."

Il convient de préciser que l'article 6 de la loi du 13 juillet 1983 portant droits et obligations des fonctionnaires institue un principe général d'égalité de traitement, qui a été appliqué par la jurisprudence administrative aux concours d'accès aux emplois publics ainsi qu'aux modalités d'accès à la profession d'avocat (CE, 10 avril 2009, req. n° 31188, CE 25 juillet 2007, req. n° 288720).

A ce titre, les distinctions non justifiées et non-proportionnées au but recherché sont prohibées, aussi bien dans le cadre de l'accès aux emplois publics que dans le cadre de l'accès à la profession d'avocat. En l'espèce, il est prouvé que j'ai suivi la formation de 18 mois nécessaires pour devenir avocat en France où j'ai obtenu note de 10/20 en déontologie.

Donc, il est totalement justifié une dispense. Sur le respect des procédures et la motivation des décisions, remparts contre l'arbitraire. L'arbitraire peut aussi émaner du fond comme de la forme d'une décision. Ces critères sont alternatifs et le fait qu'un seul d'entre eux soit rempli suffit à créer un risque d'arbitraire.

Est arbitraire au fond, la décision qui est irrationnelle, qui ne remplit pas un objectif d'intérêt général et dont, in fine, le but réel n'est rien d'autre que la satisfaction de la volonté à l'origine de la décision. Mais est arbitraire dans sa forme la décision qui, bien que rationnelle voire bienveillante, n'a pas été édictée au fil d'une procédure présentant toutes les garanties précédemment de qualité, d'indépendance ou de transparence. [197]

La qualité de la procédure décisionnelle est donc un élément cardinal dans la prévention de l'arbitraire. C'est en effet elle qui borne la volonté, qui l'encadre et, ce faisant, lui ôte tout pouvoir absolu. Ainsi la Cour européenne des droits de l'homme (Cour-EDH) observe-t-elle si l'organe qui prend une décision présente «minimum de garanties d'impartialité». Elle examine le degré de précision des pouvoirs dont il dispose, les limites de son champ d'action, et vérifie que la procédure décisionnelle évite «tout abus de pouvoir» (Podkolzina c/ Lettonie, no46726/ 99, 9 avril 2002 citée).[198]

L'exigence de motivation tend aussi à être un rempart efficace contre l'arbitraire, à plusieurs titres. Tout d'abord le motif clarifie la décision. Il fait reculer le flou dont naît l'arbitraire. Il contraint en outre l'autorité décideuse à se justifier et, par corollaire, à rendre des comptes. La motivation désamorce le processus à l'origine de l'arbitraire, contrainte de se justifier, la volonté n'est plus absolue, puisqu'elle doit nécessairement s'appuyer sur un fondement textuel ou lié à la nécessité du cas d'espèce.[199]

Pour prévenir l'arbitraire, le juge doit donc s'assurer que motivation il y a, tout d'abord, puis, ensuite, vérifier si l'argumentation développée par l'autorité est suffisamment approfondie et de bonne foi. Lorsqu'elle contrôle la conventionalité d'une détention, la Cour- EDH exige ainsi des «raisons détaillées», c'est-à-dire des considérations de temps et de lieu, expliquant pourquoi les droits du détenu ont été particulièrement réduits (Aksoy c/ Turquie, no21987/93, 18 décembre 1996).[200]

Le motif démystifie de plus la décision, même lorsque celle-ci n'était pas arbitraire. Elle favorise la compréhension des individus intéressés par la décision et contribue à leur démontrer que celle-ci procède bel et bien d'un

---

[197] ROBERT-Diard et Didier ROUX (dir.), Le Monde, Les grands procès, 1944-2010, Paris, Les Arènes, 2009.

[198] SOULEZ LARIVIERE Daniel et Eliacheff Caroline, Le temps des victimes, Paris, Albin Michel, 2007.

[199] SPOTO D., La face cachée d'un génie. La vraie vie d'Alfred Hitchcock, Paris, Ramsay, « Poche cinéma », 1994.

[200] TOCQUEVILLE Alexis de, De la démocratie en Amérique I, in Œuvres, Paris, Gallimard, « Bibliothèque de la Pléiade ».

fondement rationnel. C'est pourquoi la Cour encourage le recours à la motivation, même, lorsqu'elle n'est pas exigée par le droit en vigueur. Confrontée à une décision discrétionnaire, la Cour estime que le fait que l'autorité ait fait le choix - certes légal - de ne pas expliciter les raisons qui sous-tendent sa décision, favorise «l'apparence d'arbitraire» (v. p. ex. Kerimova c/ Azerbaïdjan, no 20799/06, 30 septembre 2010 pour un refus de recompter les voix après une élection).[201]

Plus que le motif, c'est en effet cet éclaircissement qu'exige la Cour-EDH, disposée à accepter qu'un jugement de Cour d'assise ne soit pas motivé, à condition que le public et l'accusé soient à même de comprendre le verdict qui a été rendu (Taxquet c/ Belgique, no 926/06, 16 novembre. 2010, § 90). Des garanties comme des instructions ou des explications du président de la Cour d'assise aux jurys, afin de former une «trame apte à servir de fondement au verdict» peuvent permettre cette compréhension (Legillon c/ France, no 53406/10, §§ 59-69, 10 janvier 2013).[202] Toutefois, l'ampleur de la motivation varie selon que la décision procède d'un pouvoir plus ou moins discrétionnaire. Il n'est en effet ici pas question de restreindre les facultés de l'autorité, qui doit pouvoir décider. Mais, inclure un degré minimal de motivation permet justement de marquer plus nettement la frontière trop souvent ténue entre discrétion et arbitraire.

Cette modulation du contrôle est profondément liée à l'idée de subsidiarité. Lorsque la Cour connaît d'une décision discrétionnaire, elle laisse aux juridictions nationales la responsabilité d'apprécier le rationnel de la décision, et se borne à s'assurer que ces juridictions ont contrôlé la «suffisance» de la motivation d'une telle décision (Tsanova- Gecheva c/ Bulgarie, no 43800/12, 15 septembre 2015, § 103). Si la Cour admet la discrétion, elle n'accepte pas un lourd silence.

En l'espèce, la décision de CNB e st arbitraire par rapport au rejet de ma demande de dispense des épreuves écrites de conclusions en matière civile et de rédaction d'une consultation juridique en droit administratif, de l'épreuve orale portant sur la procédure civile, pénale ou administrative ou sur l'organisation de la Justice française et de l'épreuve orale de déontologie et de réglementation professionnelle. En effet, aux termes de l'article 100 alinéa 2 du décret du 27 novembre 1991 modifié par le décret n° 2009-199 du 18 février 2009, « le Conseil national des barreaux peut, au vu des travaux universitaires ou scientifiques du candidat, dispenser celui-ci de certaines épreuves ».

---

[201] PAPADOPOULOS I. et ROBERT J.-H. (diytr.), La peine de mort. Droit, histoire, anthropologie, philosophie, Paris, Éditions Panthéon-Assas, 2000.

[202] SWIFT Jonathan, Les voyages de Gulliver, 1726, Paris, Gallimard, « Folio », 2000.

Or, le CNB ne prend en compte qu'une attestation de présentation de l'examen du Certificat d'Aptitude à la Profession d'Avocat à l'EFB en 2017 faisant état du suivi de 18 mois de formation initiale à la profession à l'EFB et non les notes obtenues versées au dossier.

Par ailleurs, mes publications en droit comparé, droit européen, droit international, droit suisse et droit français, mon travail de thèse de Doctorat en droit, délivré par l'Université de Berne (Suisse), portant sur le sujet « Esquisse sur l'émergence d'une nationalité et citoyenneté transnationale face aux concepts traditionnels – études des droits africain, congolais, européen et suisse », celui de thèse de Doctorat en théologie, délivré par l'Université de Bâle (Suisse), portant sur le sujet « De la migration dans l'Union européenne et en Suisse.

Perspectives éthiques et juridiques basées sur la valeur de la justice », qu'une Licence en droit délivrée par l'Université de Neuchatel (Suisse), ainsi que mes diverses expériences professionnelles attestées par des recommandations délivrées par des professionnels du droit, qu'un rapport de stage au sein d'un cabinet de juristes et de théologiens (Délémont, Suisse), mes rapports de stage final dans un cabinet d'avocats et de PPI, bien que mentionnés « ne constituent pas des travaux universitaires ou scientifiques au sens de l'article 100 alinéa 2 du décret précité susceptibles de permettre de le dispenser de plusieurs épreuves de l'examen de contrôle des connaissances en droit français prévu par les dispositions de cet article », sans que le CNB ne dise pourquoi c'est ainsi?[203]

L'illégalité, l'obscurité du droit, la manipulation des textes et l'expression d'une volonté absolue sont, aux yeux de la Cour-EDH, les quatre critères alternatifs de l'arbitraire. Au sens où le dernier - l'absolu - englobe tous les autres, force est d'affirmer qu'il y a eu arbitraire en l'espèce. En effet, il y a arbitraire à un moment précis, dans le cadre d'une décision donnée, lorsque la volonté, sans borne s'y affranchit de toute contrainte textuelle, mais aussi de tout objectif rationnel d'intérêt général. Guidée par sa propre rationalité - c'est-à- dire par la satisfaction de besoins qui lui sont propres - voire par aucune forme de raison, cette volonté s'exprime en arbitre tout puissant. À la manière du despote, elle décide sans se justifier ni assoir son pouvoir sur une source supérieure de légitimité.[204]

La motivation des décisions est le moyen le plus certain de prévenir l'arbitraire. Elle permet de mettre en valeur la rationalité de la décision, d'expliciter la base juridique sur laquelle elle est fondée, de la rendre

---

[203] OST François, Raconter la loi, Aux sources de l'imaginaire juridique, Paris, Odile Jacob, 2004.

[204] MOUREN Yves, Le flash-back, analyse et histoire, Paris, Armand Colin, « Cinéma », 2005.

compréhensible et acceptable aux yeux des intéressés. En effet, en motivant, l'autorité se justifie. Ce faisant, elle conserve sa capacité d'action, mais n'agit plus en autorité «absolue».[205]

Ainsi, l'obligation de motiver, et la qualité de la motivation, marquent la frontière entre l'arbitraire et la discrétion. Or, Professeur de droit où j'enseigne notamment la déontologie des professions juridiques, je ne partage pas l'avis « que la décision de refus d'une dispense d'une ou plusieurs épreuves du contrôle des connaissances (soit) une simple faculté laissée à l'appréciation du CNB sur la valeur et les mérites des travaux universitaires et scientifiques du candidat au regard des matières de l'épreuve pour laquelle la dispense est sollicitée et cette décision qui n'a pas à être motivée, (Cass. Civ. 1, 12 octobre 2004, n° 01- 16.763, ne relève pas du contrôle de la cour ».[206]

Le CNB est tenu par le texte et doit agir en toute vérité. En forçant l'autorité à expliquer ses choix et à en porter la responsabilité, l'obligation de motiver contribue à réaliser l'Etat de droit dont la France est l'un des modèles au monde où l'arbitraire n'a pas de place. Sur les frais irrépétibles et dépens. Compte-tenu qu'en la circonstance, il serait particulièrement inéquitable de laisser à ma charge les frais engagés dans le cadre de la présente instance, il est demandé au Premier Président de la Cour d'appel de condamner le défendeur à verser une somme équitable au titre de l'article 700 du code de procédure civil.[207]

Dans la mesure où je suis fondé en mes demandes, le défendeur sera également condamné auxentiers dépens en application de l'article 696 du Code de procédure civile. [208] Quant à la doctrine mentionnée dans cet avis que nous adhérons, elle débat sur la question de savoir si l'AGCS est ou non, ou bien devrait être ou non d'effet direct dans les ordres juridiques internes. Certains auteurs le souhaiteraient manifestement[209] « En spécifiant bien que le GATS s'appliquait aux fournisseurs de services, il rentre ainsi ipso jure dans le « patrimoine juridique » des particuliers. [210]

---

[205] OATES Stephen, With Malice toward none, New York, Harper and Row, 1977, trad. fr. Ph. Delamarre, Lincoln, Paris, Fayard, 2007.

[206] LEVY Thierry et ROYER Jean-Pierre, Labori, un avocat, Paris, Éditions Louis Audibert, 2006.

[207] SAINT-PIERRE FRANÇOIS, Le guide de la défense pénale, Paris, Guides Dalloz, 4e éd., 2005.

[208] cf. AVIS DE Mme MALLET-BRICOUT, AVOCATE GÉNÉRALE Arrêt n° 648 du 6 décembre 2023 (B), cf. b3b8a1cd701e2e0292919b89be78ad9f).

[209] (V. notamment, D. Carreau, P. Julliard, R. Bismuth, A. Hamann, Droit international économique, 6e éd. Précis Dalloz, 2017, n° 1010 :

[210] LAMY, E., *Le droit privé zaïrois, introduction à l'étude du droit écrit et du droit coutumier zaïrois, Vol. 1,* PUZ, Kinshasa, 1975 ;

Ceux-ci pourront l'invoquer en justice devant leurs juges naturels qui auront, en raison de la supériorité du droit conventionnel posé par l'article XVI:4 de l'Accord instituant l'OMC, écarté les normes nationales contraires. Cet effet de levier bien connu apparaît, sur le plan juridique, comme le meilleur garant de l'effectivité du GATS. On n'en regrettera que davantage la prise de position de la CJUE récusant – à tort et on l'espère provisoirement – cette analyse. » ; V. aussi n° 1063 et suiv. « On regrettera d'autant plus que le GATS ([AGCS]) ait repris l'approche timide du GATT quant à sa portée territoriale : en effet, tant le GATT (art. XXIV.12) que le GATS (art. I : 3 a) in fine) ne demandent à leurs Membres que de « prendre toutes les mesures raisonnables en [leur] pouvoir » pour que les obligations posées soient respectées par leurs subdivisions territoriales. Sans doute est-ce là vouloir éviter des difficultés ou conflits institutionnels internes ; mais cette solution diplomatique n'est guère conforme à la supériorité inhérente à l'existence même d'un ordre international »).[211]

Par ailleurs, la lecture des rapports et avis relatifs aux arrêts de la première chambre civile en 2007 renseigne sur les possibles raisons de son positionnement. Ils soulignent notamment l'existence d'une délibération et de rapports du CNB, en 2001 et 2003, retenant une condition de réciprocité pour les ressortissants d'Etats Membres de l'AGCS (position toutefois nuancée en 2003, le CNB retenant que « la réciprocité ne peut être reconnue aux Etats parties à l'AGCS qui maintiennent dans leur législation des dispositions contraires aux principes de cet accord et se reconnaît un pouvoir de contrôle, mais sans pour autant exiger à nouveau clairement du candidat qu'il rapporte la preuve que la condition de réciprocité est remplie dans son pays », selon le rapport relatif à l'arrêt rendu le 22 novembre 2007). 12 « Article VII – Reconnaissance : 1. S'agissant d'assurer, en totalité ou en partie, le respect de ses normes ou critères concernant la délivrance d'autorisations, de licences ou de certificats pour les fournisseurs de services, et sous réserve des prescriptions du paragraphe 3, un Membre pourra reconnaître l'éducation ou l'expérience acquise, les prescriptions remplies, ou les licences ou certificats accordés dans un pays déterminé. Cette reconnaissance, qui pourra se faire par une harmonisation ou autrement, pourra se fonder sur un accord ou arrangement avec le pays concerné ou être accordée de manière autonome. 2. (…) [212]

Au vu de ces éléments, la lecture souple de l'article 11,1° pourrait être privilégiée en l'espèce, notamment dans la perspective de respecter le droit fondamental de non-discrimination, le demandeur ayant les mêmes qualifications qu'un candidat français à l'inscription au barreau : seule sa

---

211 BOUZAT, P., et PINATEL, J., *Traité de droit pénal et de criminologie*, Ed. Dalloz, Paris, 1970

212 MONTAIGNE Michel de, Essais, Paris, Gallimard, « Bibliothèque de la Pléiade », 2007.

nationalité étrangère hors UE et EEE l'a écarté de la profession d'avocat en France, qui plus est sans autre perspective puisque la condition de nationalité et donc de réciprocité s'applique à tous les modes d'intégration de la profession (par l'expérience acquise mais aussi grâce au CAPA, cf. supra)[213]. En conclusion, l'arrêt à venir en l'espèce, pourrait je crois permettre de clarifier tous ces aspects, d'une part, en fixant peut-être une position renouvelée sur la question de l'applicabilité directe de l'article VII de l'AGCS (en réponse au pourvoi), le cas échéant après avoir soulevé une question préjudicielle devant la CJUE, et d'autre part, en assouplissant la lecture de la condition de réciprocité posée par l'article 11 de la Loi du 31 décembre 1971. Pour l'ensemble de ces raisons, mon avis est de suggérer le renvoi de ce dossier en formation de section à une audience ultérieure.[214]

---

[213] HAMELIN et DAMIEN, *Les règles de la profession d'Avocat au Barreau de Paris*, 9ème Ed., Dalloz, Paris, 1995,

[214] ÉRIC BONNET, « *Réforme des spécialisations des avocats : entre savoir-faire et faire-savoir* », in *La Semaine Juridique*, n° 41, 10 octobre 2011

Conclusion générale

La profession d'avocat incarne un engagement profond envers la justice, la défense des droits et le respect des principes fondamentaux du droit. Que ce soit en France, en Suisse ou en République Démocratique du Congo, l'accès à cette carrière exige persévérance, rigueur et une connaissance approfondie des systèmes juridiques spécifiques à chaque pays.[215]

L'ouvrage aurait dû être intitulé : La profession d'Avocat comme sacerdoce et en réalité, par qui, où et comment? En effet, la phrase "Heureux les persécutés pour la justice" est une des Béatitudes, un passage du Nouveau Testament qui souligne l'importance de la persévérance face à la persécution pour ceux qui défendent la justice. Cette phrase encourage les croyants à rester fidèles à leurs valeurs et à poursuivre la justice, même lorsque cela entraîne des difficultés. Plus précisément, cette citation provient du Sermon sur la Montagne, dans l'Évangile selon Matthieu (5, 10-12). Elle se lit comme suit : « Heureux les persécutés pour la justice, car le royaume des Cieux est à eux. Heureux êtes-vous si l'on vous insulte, si l'on vous persécute et si l'on dit faussement toute sorte de mal contre vous, à cause de moi. Réjouissez-vous, soyez dans l'allégresse, car votre récompense est grande dans les cieux ! ». Je suis juriste et théologien. Ma pratique de la justice se base en grande partie de ma formation théologique. Condamné à une amande de 500 frs que j'ai payé au canton de Berne sans exigé un remboursement à mon client, je suis heureux pour cette persécution où même mes titres universitaires et professionnels me sont niés.

Dans l'ouvrage, il est traité de la définition du terme avocat, de son évolution historique, de la procédure d'admission à la profession ainsi que de l'exercice sans discrimination à l'interne et l'international dans le respect de la réciprocité et des conventions.

Nous l'avons vu, le métier d'avocat est une carrière qui se veut noble que son exercice est réglementé, à l'instar de l'ordonnance-loi n° 79/028 du 28 septembre 1979 portant organisation, fonctionnement du Barreau, corps de défenseurs judiciaires, corps de mandataires de l'Etat, en République Démocratique du Congo (RDC), ainsi du Règlement Intérieur Cadre des

[215] CORNU, G., *Vocabulaire juridique*, 7eme Ed. PUF, Paris, 2005

Barreaux qui portent sur les règles déontologiques applicables aux avocats œuvrant en RDC.[216]

Dans la mesure la déontologie joue un grand rôle très important dans l'organisation ainsi que la réglementation de la profession d'avocat, le Barreau qui est composé d'un Conseil de l'ordre chapeauté par un Bâtonnier élu par ses confrères joue un rôle primordial pour l'harmonisation et respect des règles déontologiques communes pour tous les avocats exerçant chaque pays.[217]

Un avocat doit toujours être disponible, compétent et sans cesse à l'écoute, devant des besoins de tous et prêt toujours à y répondre par le respect de son serment, humanité en particulier dans la mesure où c'est métier libre et indépendant, contre toute pression extérieure et à ses compétences et sa conscience, bien que l'ordre assure la discipline de sa liberté consentie.[218]

La profession d'avocat, aujourd'hui ne connaît ni grade, ni religion, ni âge, ni race, elle ne connaît qu'une seule chose. Elle est symbolisée par le port de la Robe noire (« Toge ») à l'image du religieux. C'est pour l'égalité et l'indépendance de la profession dans la société dont avocat est l'auxiliaire de la justice par sa triple mission : consultations, conseils et assistance dans la défense et la représentation permanentes de ses clients. Auxiliaire de justice, l'avocat joue dont un rôle clé dans l'administration de la justice pour la manifestation de la vérité judiciaire comme l'une des garanties du respect de droits et intérêts des parties et l'un des remparts contre l'arbitraire du juge et les éventuelles erreurs judiciaires. [219] En principe, l'avocat peut exercer devant toutes les juridictions et les instances tant nationale qu'internationale grâce sa connaissance et maîtrise du droit ainsi qu'à son bon sens et à son niveau d'éthique très élevé. Mais, bien qu'il existe des principes internationaux pour l'exercice sans discrimination nationale notamment, force est de constater que les avocats de certains pays (occidentaux) ont le monopole et peuvent se déplacer librement à travers le monde alors que les avocats africains par exemple ont de la peine d'obtenir

---

[216] Ordonnance-loi n° 79/028 du 28 septembre 1979 portant organisation, fonctionnement du Barreau, corps de défenseurs judiciaires, corps de mandataires de l'Etat

[217] HERVE LEUWERS, *L'invention du barreau Français*, 1660- 1830, Éditions EHESS, 2006

[218] NKONGOLO TSHILENGU, M., *Le rôle des Cours et tribunaux dans la restauration d'un droit* conteste, Service dedocumentation et d'études du Ministère de la justice et Garde des Sceaux, Kinshasa, 2003

[219] MOURIER Pierre-François, Cicéron, L'avocat et la République, Paris, Michalon, « Le bien commun », 1996.

un visa, même pour assister un événement dans le cadre de la profession organisé en occident.[220]

Par ailleurs, dans la pratique, certains clients des pays africains qui ont de moyens financiers, préfèrent des avocats occidentaux et blancs en particulier soit par arrogance complexe d'infériorité due au colonialisme, soit par ignorance qu'un avocat étranger ne maîtrise toujours pas la pratique d'une autre juridiction.

En plus, dans sa vie courante, l'avocat passe pour plus d'une personne comme un menteur, un trouble fait, un homme rusé et Europe en France tout comme en selon notre propre expérience, notre qualité d'avocat est simplement niée même par les autorités compétentes dont une confusion à la suite de notre l'inscription comme avocat au Barreau de Kinshasa/Matete en RDC, notre pays d'origine et bien que nous ayons fait tout notre cursus universitaire et la formation professionnelle de la profession d'avocat en France et en Suisse. [221] Problématique qui se pose ce sont plusieurs interrogations :

- Qui peut se nommer avocat?

- Quel est son origine?

- Quelles sont les conditions d'accès à la profession, en droit comparé: France, RDC et Suisse?

- Quid de la non-discrimination et de réciprocité, à la lumière de notre exemple?

En réponse, nous l'avons vu, l'avocat est un juriste dont les fonctions traditionnelles sont de conseiller, représenter, d'assister et de défendre ses clients, personnes physiques ou morales, en justice, en plaidant pour faire valoir leurs droits. Par ailleurs, l'avocat s'acquitte d'une fonction de conseil mais aussi de rédacteur d'actes. En effet, les avocats représentent et défendent leurs clients dans diverses affaires. Certains avocats se spécialisent : en droit des affaires, en droit du travail, en droit de la famille, où les questions migratoires comme c'est notre cas. Le métier d'avocat n'est pas soumis à obligation de résultat, seulement de moyens bien que pour nous, notre humanité nous pousse à chercher un résultat avant tout.[222]

---

220 N'KONGOLO TSHILENGU, M., Droit judiciaire congolais: le rôle des cours et tribunaux dans la *restauration d'un droit violé ou contesté*, Service de documentation et d'études du Ministère de la Justice et Garde des Sceaux, Kinshasa, 2003 ;

221 RENAUT Marie-Hélène, « Les avocats, de l'Empire romain à la fin du XVIIIe siècle », in Avocats. Le verbe et la robe, Issy-les-Moulineaux, Prat Éditions, 2009

222 CORNU, G., *Vocabulaire juridique*, PUF, 9ème Ed., Paris, 2013

Étymologiquement, le terme français *avocat* est dérivé du latin *advocatus*, littéralement « celui qui est appelé [à assister quelqu'un en justice] », et désigne un « homme dont la profession est de plaider ». On le rencontre au cours de l'histoire sous les formes *avocaz* ou *avocace*. La forme à la féminine *avocate* désigne au départ l'épouse d'un avocat, mais prend au XXe siècle le sens de « femme exerçant la profession d'avocat » et quand Gisèle Halimi recadrait Charles De Gaulle : "Appelez-moi, maître".

Dans l'Antiquité, en Grèce et à Rome officiaient déjà des défenseurs, mais le plus souvent, l'accusé devait se défendre lui-même. Selon le code de Solon, l'accusé devait plaider sa cause devant le tribunal, recourant aux services du logographe s'il se sentait incapable de produire un discours convenable. À Rome, l'intervention d'avocats devient courante dans les derniers siècles de la République mais, légalement, ne peut donner lieu à rémunération conformément à la loi *Cincia.* Ce n'est que sous l'Empire que la loi fut, sinon abolie, du moins mitigée. Tacite, dans le *Dialogue sur les orateurs* donne des renseignements sur la richesse des avocats Vibius Crispus et Éprius Marcellus[3]. N'importe quel orateur brillant ou juriste compétent peut se constituer avocat.

Au VIe siècle, l'empereur Justinien crée la corporation des avocats pour la première fois, l'« Ordre des Avocats ». [223]

En ce qui concerne le Bâtonnier et l'Ordre des avocats, le Bâtonnier est le président du conseil de l'Ordre des avocats ; il portait un bâton dans les processions religieuses médiévales. Son rôle consiste notamment à régler les litiges entre confrères. Un barreau séparait l'avocat du public.[224]

Les avocats portent une robe. Plus précisément, la robe des avocats désigne un costume professionnel, dont le port est obligatoire en France depuis la loi du 31 décembre 1971. La robe des avocats puise son origine dans les soutanes religieuses, puisque initialement, les avocats étaient essentiellement des ecclésiastiques.

D'ailleurs, c'est pour cette raison que la robe est aujourd'hui ornée de 33 boutons, symbolisant l'âge du Christ au jour de sa mort. La robe de l'avocat garantit l'égalité d'apparence entre tous les membres d'un barreau et l'autorité relative à cette profession d dédiée au conseil.[225]

---

[223] HAMELIN et DAMIEN, *Les règles de la profession d'Avocat au Barreau de Paris*, 9eme Ed., Dalloz, Paris, 1995,

[224] SCHULHOFER Stephen J., « L'administration de la peine de mort : leçons d'Amérique », in I. Papadopoulos et J.-H. Robert (dir.), La peine de mort. Droit, histoire, anthropologie, philosophie, Paris, Éditions Panthéon-Assas, 2000, p. 840.

Par exemple, le Conseil des barreaux européens (CCBE), une association internationale sans but lucratif, représente les barreaux européens. En sont membres les barreaux de trente-et-un pays et de onze pays associés et observateurs, soit environ un million d'avocats européens. La motivation de notre ouvrage est avant tout de l'accès à la profession d'avocat d'un ressortissant d'un État signataire de l'Accord général sur le commerce des services, de la possibilité d'invoquer l'article VII de l'Accord général sur le commerce des services (AGCS) pour le ressortissant d'un État n'appartenant pas à l'Union européenne ou n'étant pas partie à l'accord sur l'Espace économique européen ou de la Suisse, alors que ce ressortissant peut prouver la condition de réciprocité.[226]

Nous avons analysé plusieurs facteurs en lisant les textes sur la profession d'avocat en RDC, en France et en Suisse et à la lumière des dispositions qui parlent des conditions pour qu'un avocat étranger, congolais en l'espèce, soit admis à comparaître en France, en Suisse, et vice-versa.

Cette réciprocité justement crée problème car nous en avons été témoin, y a plusieurs problèmes discriminatoires dans la considération d'avocat étrangers (hors UE et Anglais) en France et en Suisse. Tandis que ceux de ces pays qui viennent en RDC sont admis à comparaître et y a même des cabinets/études d'avocats ouverts par des Belges, Français et/ou Suisses.[227]

Mais, en France et en Suisse c'est tout un contraire, les conditions à remplir sur base de la légalisation sur la profession d'avocat, bien que ces conditions soient remplies par certains avocats congolais qui vont chercher à comparaître, il est impossible d'accéder et le titre d'avocat leur est même refusé. Les annexes de l'ouvrage montrent des décisions discriminatoires et de la pratique hypocrite sur la base d'un complexe de supériorité ou d'infériorité des uns et des autres. [228]

---

[225] SCHEIDER Roland, « De Cayatte à Costa-Gavras : Justice est faite », Cinémaction, n°105, p. 58.

[226] VERGES Jacques, « Je suis l'enfant qui joue », interview de Jacques Vergès par A. Fabbri, Les Cahiers de la justice, Dalloz, 2009

[227] CHAPUS, R., *Droit administratif général*, Tome II, Montchrestien, Paris, 2001

[228] BERSANI, J., SCHWEIZEIR, H.,et alii, *Encyclopédie universelle*, Vol 4, Encyclopediae Universalis, Paris, 1980

Bibliographie

I. Ouvrages

1. ADER Henri et DAMIEN André, Règles de la profession d'avocat, Paris, Dalloz-Action, 2006.

2. Alain, Propos, Paris, Gallimard, 1956.

3. ALLAIS Alphonse, Les contes du chat noir, Paris, Belfond, 1965.

4. ANTONOWICZ Gilles, Jacques Isorni, Paris, Éditions France-Empire, 2007.

5. BADINTER Robert, L'exécution, Paris, Grasset et Fasquelle, 1973.

6. BARSON Michael, Flywheel, Shister and Flywheel, The Marx Brothers'lost radio show, New York, Pantheon Books, 1988.

7. BEDDIAR Fathi, Tolérance Zéro, La justice expéditive au cinéma, Paris, Baazar and Co, 2008.

8. BREDIN Jean-Denis et Levy THIERRY, Convaincre, dialogue sur l'éloquence, Paris, Odile Jacob, 1997.

9. BULLIER Antoine, La Common Law, Paris, Dalloz, « Connaissance du droit », 2007.

10. CONNELLY Michael, The Lincoln Lawyer, Londres, Little, Brown and Company, 2005, trad. fr. Robert Pépin, La défense Lincoln, Paris, Seuil, 2006.

11. COURTELINE Georges, Un client sérieux, Paris, Librairie théâtrale, 1992.

12. CRAY David, BAD Lawyer, New York, Otto Penzler Booeks, 2000, Avocat criminel, trad. fr. Monique Lebailly, Paris, Payot et Rivages, « Rivages Noir », 2004.

13. COLLIGNON Jean-Guy, Les juristes en Union soviétique, Paris, Éditions du CNRS, 1977.

14. CRESSON M., Usages et règles de la profession d'avocat, Paris, 1888.

15. DALLE Hubert et SOULEZ LARIVIERE Daniel (dir.), Notre justice. Le livre vérité de la justice française, Paris, Robert Laffont, 2002.

16. DANET Jean, Défendre, pour une défense pénale critique, Paris, Dalloz, « Regards sur la justice », 2e éd., 2004.

17. DANOVI Remo, L'immagine dell'Avvocato e il suo riflesso, trad. fr. Mathilde Schiltz, L'avocat et le reflet de son image, Bruxelles, Bruylant, 2e éd., 1999.

18. DAYEZ Bruno, Justice et cinéma, Louvain-la-Neuve, Anthemis, 2007.

19. DERSHOWITZ Alan, The adovcate's devil, New York, Warner Books, 1994, trad. fr. C. Richard, Le démon de l'avocat, Paris, Grasset, « Grand format », 1996.

20. DWORKIN Ronald, Taking Rights seriously, Harvard, Harvard University Press, 1977, trad. fr. J.-M. Rossignol et F. Limare, Prendre les droits au sérieux, Paris, PUF, 1995.

21. EISNER Lotte H., Fritz Lang, Londres, Martin Secker and Warburg, 1984, trad. fr. Bernard Eisenschitz, Fritz Lang, Paris, Petite bibliothèque des Cahiers du cinéma, 2005.

22. ESMEIN A., Histoire de la procédure criminelle en France et spécialement de la procédure inquisitoire depuis le *XIIIe* siècle jusqu'à nos jours, Paris, Laros et Facel, 1882.

23. FERENCZI Aurélien, Fritz Lang, Paris, Cahiers du cinéma-Le monde, « Grands cinéastes », 2007.

24. FERRIERE Cl. J. de, Dictionnaire de droit et de pratique, 1740.

25. FERRO Marc, Cinéma et histoire, Paris, Gallimard, « Folio histoire », 1993.

26. GARAPON Antoine, Le gardien des promesses, Paris, Odile Jacob, 1996.

27. GARAPON Antoine et PAPADOPOULOS Ioannis, Juger en Amérique et en France, Paris, Odile Jacob, 2003.

28. GARAPON Antoine et SALAS Denis (dir.), Imaginer la loi, Paris, Michalon, « Le Bien commun », 2008.

29. GARNOT Benoît, Histoire de la justice, France, *XVIe-XXIe* siècle, Paris, Gallimard, « Folio-Histoire », 2010.

30. GAUDEMET Henri, Les juristes et la vie politique de la III*e* République, Paris, PUF, 1970.

31. GOLDING Gordon, Le procès du singe : la Bible contre Darwin, Bruxelles, Éditions Complexe, 2006.

32. GRISHAM John, The Runaway Jury, John Grisham, 1996, trad. fr. Patrick Berthon, Le maître du jeu, Paris, Robert Laffont, 1998.

33. GRISHAM John, The Associate, New York, Double Day/Ramdon House, 2009, L'infiltré, trad. fr. Johan-Frédérick Hel Guedj, Paris, Robert Laffont, 2009.

34. GUERY Christian, Justices à l'écran, Paris, PUF, « Questions judiciaires », 2007.

35. HENAFF Marcel, Le prix de la vérité. Le don, l'argent, la philosophie, Paris, Seuil, « La couleur des idées », 2002.

36. HITCHCOCK Alfred et TRUFFAUT François, Hitchcock/Truffaut, Paris, Gallimard, « NRF », 1993.

37. HUGO Victor, Les misérables, Paris, Gallimard, « Folio classique », no 3223, 2000.

38. INCHAUSPE Dominique, L'innocence judiciaire, Paris, Litec, 2001.

39. KARPIK Lucien, Les avocats, Entre l'État, le public et le marché, *XIIIe-XXe* siècle, Paris, Gallimard, « NRF », 1995.

40. KRYNEN Jacques, L'idéologie de la magistrature ancienne, Paris, Gallimard, « Bibliothèque des histoires », t. I, 2009.

41. LA BRUYERE, Caractères, Paris, Nelson, s.d. [1688], 525.

42. LA ROCHE-FLAVIN Bernard de, Treze livres des Parlements de France, Bordeaux, 1617.

43. LATAPIE Gilles, Face à Michel Fourniret, Paris, Michel Lafon, 2009.

44. LECLERC Henri, Un combat pour la justice, Paris, La Découverte, 1994.

45. LEUWERS Hervé, L'invention du barreau français, 1660-1830, Paris, Éditions de l'École des hautes études en sciences sociales, 2006.

46. LEVY Thierry et ROYER Jean-Pierre, Labori, un avocat, Paris, Éditions Louis Audibert, 2006.

47. LOMBARD Paul, Ma vérité sur le mensonge, Paris, Plon, 1997.

48. MAILER Norman, The execution's song, N. Mailer, L. Schiller and the New Ingot Company inc., 1979, trad. fr. Jean ROSENTHAL, Le chant du bourreau, Paris, Robert Laffont, 1979.

49. MASSON Jean-Pol, Le droit dans la littérature française, Bruxelles, Bruylant, 2007.

50. MICHEL Joel, Le lynchage aux États-Unis, Paris, La Table ronde, 2008.

51. MITRY Jean, Esthétique et psychologie du cinéma, Paris, PUF, 1963.

52. MOLIERE, Les fourberies de Scapin, Paris, Classiques Hachette, 2005.

53. MONTAIGNE Michel de, Essais, Paris, Gallimard, « Bibliothèque de la Pléiade », 2007.

54. MORE Thomas, Utopia, Dover Publ inc., 2006.

55. MOUREN Yves, Le flash-back, analyse et histoire, Paris, Armand Colin, « Cinéma », 2005.

56. MOURIER Pierre-François, Cicéron, L'avocat et la République, Paris, Michalon, « Le bien commun », 1996.

57. OATES Stephen, With Malice toward none, New York, Harper and Row, 1977, trad. fr. Ph. Delamarre, Lincoln, Paris, Fayard, 2007.

58. OSSORIO Angelo, L'anima della toga, Aquila, Secchioni, 1926.

59. OST François, Raconter la loi, Aux sources de l'imaginaire juridique, Paris, Odile Jacob, 2004.

60. OST Francois, Dire le droit, faire justice, Bruxelles, Bruylant, 2007.

61. PAPADOPOULOS Ioannis, Plaider coupable, Paris, PUF, « Droit et justice », 2005.

62. PAPADOPOULOS I. et ROBERT J.-H. (dir.), La peine de mort. Droit, histoire, anthropologie, philosophie, Paris, Éditions Panthéon-Assas, 2000.

63. PASCAL Blaise, Pensées, Paris, Gallimard, « Folio-Classique », 2004.

64. RACINE, Les plaideurs, Paris, « Folio Théâtre », 2006.

65. ROBERT-Diard et Didier ROUX (dir.), Le Monde, Les grands procès, 1944-2010, Paris, Les Arènes, 2009.

66. SAFFAR Patrick, OTTO Preminger, Rome, Gremese, « Les grands cinéastes », 2008.

67. SAINT-PIERRE FRANÇOIS, Le guide de la défense pénale, Paris, Guides Dalloz, 4e éd., 2005.

68. SAINT-PIERRE FRANÇOIS, Avocat de la défense, Paris, Odile Jacob, 2009.

69. SHAKESPEARE, Hamlet, Paris, Gallimard, « Folio Plus classique », 2005.

70. SIMMEL Georg, Philosophie de l'argent, Paris, Garnier-Flammarion, 2009.

71. SIPIERRE Dominique, Le crime organisé à l'écran, Quatre films exemplaires, Nantes, Éditions du Temps, « Questions de civilisation », 2002.

72. SOULEZ LARIVIERE Daniel, L'avocature, Paris, Seuil, 1995.

73. SOULEZ LARIVIERE Daniel et Eliacheff Caroline, Le temps des victimes, Paris, Albin Michel, 2007.

74. SPOTO D., La face cachée d'un génie. La vraie vie d'Alfred Hitchcock, Paris, Ramsay, « Poche cinéma », 1994.

75. SWIFT Jonathan, Les voyages de Gulliver, 1726, Paris, Gallimard, « Folio », 2000.

76. TOCQUEVILLE Alexis de, De la démocratie en Amérique I, in Œuvres, Paris, Gallimard, « Bibliothèque de la Pléiade ».

77. UNGARO Jean, Américains, héros de cinéma, Paris, L'Harmattan, 2005.

78. VARAUT Jean-Marc, Un avocat pour l'histoire, Mémoires interrompus 1933-2005, Paris, Flammarion, 2007.

79. VERGES Jacques, De la stratégie judiciaire, Paris, Éditions de Minuit, 1968.

80. VERGES Jacques, J'ai plus de souvenirs que si j'avais mille ans…, Paris, Éditions de la Table ronde, 1998.

81. VERGES Jacques, Que mes guerres étaient belles, Monaco, Éditions du Rocher, 2007.

82. VERGES Jacques, Journal, La passion de défendre, Monaco, Éditions du Rocher, 2008.

83. VERNOIT Fabrice, L'Amérique et ses procès fous, Lausanne, Éditions Favre, 2007.

84. VILLEZ, Barbara, Séries télé, visions de la justice, Paris, PUF, 2005.

85. WASSERMAN Jacob, Der Fall Maurizius, Munchen, Langen Müller Verlagsbuchhandlung, trad. fr. J.-G. Guideau, Paris, L'affaire Maurizius, Mémoires du Livre, 2000.

86. WEST Morris L., The Devils advocate, London, Reprint society, 1959, trad. fr. C. Messadié, L'avocat du diable, Paris, Le Livre de poche, 1997.

87. WILLARD Marcel, La défense accuse, Paris, Éditions sociales, 1951.

88. ZOLLER Élisabeth, Le droit des États-Unis, Paris, PUF, « Que sais-je ? », 2001.

II. Articles

1. BADINTER Robert, « Peut-on être avocat lorsqu'on est juif en 1940-1944 ? », in Le droit antisémite de Vichy, Paris, Seuil, « Le genre humain », 1996, no 30/31.Consulter sur Cairn.info

2. BOULLY Fabien, « Condamné en tant qu'homme. Les procès hitchcockiens », Esprit, août-septembre 2007, p. 204.Consulter sur Cairn.info

3. CARRERE Thierry, « Déontologie et secret professionnel », in Avocats. Le verbe et la robe, Issy-les-Moulineaux, Prat Éditions, 2009

4. CHEREL R. et PELLERIN L., « L'avocat pris au piège de l'imaginaire. Le cinéma de fiction comme source de l'histoire de la profession d'avocat. 1920-1990 », Revue de la Société internationale d'histoire de la profession d'avocat, 3, 1991

5. FABBRI Alexandra, « Les 7 passions de Maître Vergès, Commentaires en marge du film L'avocat de la terreur », Les Cahiers de la justice, Dalloz, 2009

6. FABBRI Alexandra et GUERY Christian, « Les hommes de loi célèbres à l'écran », Cinémaction, à paraître (2011).

7. FELICE Jean-Jacques de, « Être avocat pendant la guerre d'Algérie », in Juger en Algérie, 1944-1962, Paris, Seuil, « Le genre humain », no 32,.Consulter sur Cairn.info

8. FRANÇOIS Ève, « Les femmes en avocature : une belle aventure ! », in Avocats. Le verbe et la robe, Issy-les-Moulineaux, Prat Éditions, 2009

9. GARAPON Antoine, « Préface » à Barbara Villez, Séries télé, visions de la justice, Paris, PUF, 2005.

10. GEORGES Pierre, reportage paru dans Le Monde du 11 décembre 1976, repris dans Le Monde, Les grands procès, 1944-2010, P. Robert-Diard et D. Rioux (dir.), Paris, Les Arènes, 2009.

11. GOUALLE Laurent, « Du héros à l'escroc ; Hollywood et ses avocats », in Cinémaction, no 105, 2002.

12. GUERY Christian, « Du bon usage du droit pénal en Algérie entre 1954 et 1962 », in Juger en Algérie, 1944-1962, Paris, Seuil, « Le genre humain », no 32.

13. GUERY Christian, « Les prédateurs : une vision de la justice en France », Dalloz, 2008, Point de vue, p. 862.

14. GUERY Christian, « Le juge face à l'imprévisible et à la responsabilité sans faute », Le Monde, 30 octobre 2008.

15. GUERY Christian, « La justice française au cinéma », Paris, Dalloz, Les cahiers de la justice, n° 4, 2009.

16. GUERY Christian, « Justice à Vegas : quand la perpétuité est une victoire », Dalloz, 2009

17. HILL Adrian, « L'alcoolisme et la toxicomanie au sein de la profession juridique », Programme de prévention de l'Association du barreau canadien (http:/www.barreau.qc.ca/pamba/pdf/alcoolisme.pdf).

18. JEAN Jean-Paul, « Au nom du peuple français ? La justice face aux attentes des citoyens-usagers », dans Notre justice. Le livre vérité de la justice française, H. Dalle et D. Soulez Larivière (dir.), Paris, Robert Laffont, 2002

19. LEGRAND Gérard, « Le spectacle et le secret », Positif, n°334, 1988.

20. MARDORE Michel, « L'ère des ottomanes », in Collectif, Otto Preminger, Paris, Cinémathèque française et Éditions Yellow Now, 1993.

21. MILBURN, Ph., « L'honoraire de l'avocat au pénal : une économie de la relation professionnelle », Droit et Société, no 26, 1994.Consulter

22. MOLLA Alain, « L'avocat face à son client », AJ Pénal, 2007

23. MOULLET Luc, « Ottobiographie », Cahiers du cinéma, no 101, 1959.

24. MONTAGNE Albert, « De la fiction au réel, les grandes affaires criminelles françaises et leurs conséquences cinématographiques », Cinémaction, no 105

25. ORTOLI Philippe, « Le glaive et la balance : le justicier dans le cinéma américain », Cinémaction, n°105

26. RENAUT Marie-Hélène, « Les avocats, de l'Empire romain à la fin du XVIIIe siècle », in Avocats. Le verbe et la robe, Issy-les-Moulineaux, Prat Éditions, 2009

27. SAPIRO Gisèle, « Les professions intellectuelles entre l'État, l'entrepreunariat et l'industrice », Le Mouvement social, 2006/1, no 241.

28. SCHULHOFER Stephen J., « L'administration de la peine de mort : leçons d'Amérique », in I. Papadopoulos et J.-H. Robert (dir.), La peine de mort. Droit, histoire, anthropologie, philosophie, Paris, Éditions Panthéon-Assas, 2000.

29. SCHEIDER Roland, « De Cayatte à Costa-Gavras : Justice est faite », Cinémaction, no 105, p. 58.

30. SEKNADJE-Askezi E., « Mutineries, désertions et cours martiales durant la Première Guerre mondiale » Cinémaction, no 105

31. VERGES Jacques, « Je suis l'enfant qui joue », interview de Jacques Vergès par A. Fabbri, Les Cahiers de la justice, Dalloz, 2009

32. VOULAND Philippe, « La défense pénale est un métier », AJ Pénal, 2007

33. B*ERNARD BARBICHE, Les institutions de la monarchie française à l'époque moderne*, PUF, Paris, 1999

34. BERSANI, J., SCHWEIZEIR, H., et alii, *Encyclopédie universelle*, Vol 4, Encyclopediae Universalis, Paris, 1980

35. BOUZAT, P., et PINATEL, J., *Traité de droit pénal et de criminologie*, Ed. Dalloz, Paris, 1970

36. CHAPUS, R., *Droit administratifgénéral*, Tome II, Montchrestien, Paris, 2001

37. CORNU, G., *Vocabulaire juridique*, PUF, 9ème Ed., Paris, 2013

38. CORNU, G., *Vocabulaire juridique*, 7eme Ed. PUF, Paris, 2005

39. ÉRIC BONNET, « *Réforme des spécialisations des avocats : entre savoir-faire et faire-savoir* », in *La Semaine Juridique*, n° 41, 10 octobre 2011

40. FAYARD, J-F, FIERRO, A., et TULARD, J., *Histoire et dictionnaire de la Révolution française (1789-1799),* Robert Laffont, Paris, 1987

41. GUILLIEN, R. et VINCENT, J., *Lexique des termes juridiques*, 14e Ed., Dalloz, Paris, 2003

42. HAMELIN et DAMIEN, *Les règles de la profession d'Avocat au Barreau de Paris*, 9eme Ed., Dalloz, Paris, 1995,

43. HERVE LEUWERS, *L'invention du barreau Français*, 1660- 1830, Éditions EHESS, 2006

44. LAMY, E., *Le droit privé zaïrois, introduction à l'étude du droit écrit et du droit coutumier zaïrois, Vol. 1,* PUZ, Kinshasa, 1975 ;

45. MUPILANDJIKE (H.-F.) et WASENDAN'SONGO, *Code de déontologie des Avocats,*

46. Pax Congo, Kinshasa, 2002 ;

47. N'KONGOLO TSHILENGU, M., *Droit judiciaire congolais: le rôle des cours et tribunaux dans la restauration d'un droit violé ou contesté*, Service de documentation et d'études du Ministère de la Justice et Garde des Sceaux, Kinshasa, 2003 ;

48. NKONGOLO TSHILENGU, M., *Le rôle des Cours et tribunaux dans la restauration d'un droit conteste*, Service de documentation et d'études du Ministère de la justice et Garde des Sceaux, Kinshasa, 2003

49. NKULU KILOMBO, *Profession d'Avocat : règles et usages en matière disciplinaire,* SECCO, Kinshasa, 1992

50. PIRON, P., et STROUVENS, *Codes et lois du Congo belge*, Ed. Larciers, Bruxelles, 1948

51. ROGER PERROT, *Institutions judiciaires*, 13e éd., Montchestien, Paris, 2008

52. Suisse: F. BOHNET/V. Martenet, *Droit de la profession d'avocat*, Précis Stämpfli, Berne 2009

53. BOHNET, *Les grands arrêts de la profession d'avocat,* 2ème éd., Neuchâtel 2010

54. CHAPPUIS, *La profession d'avocat*, Tome I, Le cadre légal et les principes essentiels, 2ème éd., Genève 2016 & Tome II – La pratique du métier. De la gestion d'une étude et la conduite des mandats à la responsabilité de l'avocat. Quid iuris ?, Genève 2013

55. F. CHAUDET/O. Rodondi (éd.), *L'avocat moderne,* Mélanges publiés par l'OAV, Bâle 1998

56. FELLMANN, *Anwaltsrecht*, Bern 2010

57. FELLMANN/Zindel (éd.), *Kommentar zum* Anwaltsgesetz (BGFA), 2e Aufl., Basel 2011

58. Biographies d'avocats combattants, résistants ou déportés: Emmanuelle DE BOYSSON, Georges Izard, avocat de la Liberté, presses de la Renaissance, 2003.

59. Marc FLANDIN, Pierre-Etienne Flandin, une âme républicaine, Genèse editions, 2023.

60. Eric FREEDMAN, Deux Avocats Dans La France Occupée- Les

Archives De Joseph Haennig Et Léon-Maurice Nordmann, Non-Lieu Editions, 2015.

61. GREVEILLAC Paul, Phases d'armes, Gallimard, 2023 (biographie de rené Bondoux).

62. Michel GUENAIRE, Pierre Gide, une vie d'avocat, Perrin biographic, 2020.

63. Yves OZANAM, "Avocat, écrivain, déontologue, défenseur du Maréchal pétain : le bâtonnier Fernand Payen (1872-1946)", Revue de la Société internationale d'histoire de la profession d'avocat, n°9, 1997.

64. Hommage à Pierre Cot avec les témoignages de ses collaborateurs et amis, 1979.

65. Discours aux rentrées solennelles du Barreau de Paris, 1939-1975. Dans les discours, il était d'usage de rendre hommage aux avocats disparus dans l'année écoulée.

III. WEBOGRAPHIE

1. www.savfsa.chhttps://www.useyourlaw.com/author/useyourlaw/ consulté le 10 février 2025 à 02h59'

2. https://www.cnb.avocat.fr/fr/admissio-des-avocats-etrangers

3. https://cnb.avocat.fr/fr/foire-aux-questions-acces-la-profession-les-changements-pour-2025

Annexes

- Bundesgericht
- Tribunal fédéral
- Tribunal fédéral
- Tribunal fédéral

2C_473/2024 /DCE

Ordonnance du 14 novembre 2024

IIe Cour de droit public

Composition

Mme et MM. les Juges fédéraux

Aubry Girardin, Présidente, Donzallaz et Kradolfer.

Greffier : M. Dubey

Participants à la procédure

A.________,

Représenté par Ange Sankieme Lusanga, Président de l'association JeTM-MeD,

Recourant,

Contre

1. Office de la population, Service des migrations du canton de Berne,

Ostermundigenstrasse 99B, 3006 Berne,

2. Tribunal cantonal des mesures de contrainte du canton de Berne,

Préfecture de Berne,

Hodlerstrasse 7, 3011 Berne,

Intimés.

Objet : Monopole des avocats en juridiction administrative, recours contre le courrier du Juge unique du Tribunal administratif du canton de Berne, Cour des affaires de langue française, du 23 septembre 2024 (100.2024.255).

Considérant en fait et en droit :

1. Le 17 août 2024, A.________, ressortissant marocain né en 1989, a été placé en détention en vue de renvoi sur ordre du Service des migrations de l'Office de la population du canton de Berne.

Par décision du 30 août 2024, le Tribunal cantonal des mesures de contrainte du canton de Berne a confirmé la légalité et l'adéquation de la détention en vue de renvoi jusqu'au 26 novembre 2024.

Le 4 septembre 2024, A.________, représenté par Ange Sankieme Lusanga, qui affirme être un avocat inscrit au barreau de Kinshasa, a déposé un recours auprès du Tribunal administratif du canton de Berne contre la décision du Tribunal cantonal des mesures de contrainte du canton de Berne du 30 août 2024. Sur requête du Juge unique, ce courrier a été contresigné par l'intéressé.

2. Le 23 septembre 2024, le Juge unique du Tribunal administratif du canton de Berne a adressé à Ange Sankieme Lusanga un courrier dans lequel il lui a dénié la possibilité de représenter un tiers devant le Tribunal administratif en matière de droit des étrangers et, comme en l'espèce, de mesures de contrainte à défaut de figurer sur le registre des avocats du canton de Berne ou de bénéficier de la garantie de la libre circulation au sens de la loi fédérale sur les avocats.

3. Le 25 septembre 2024, A.________, représenté par Ange Sankieme Lusanga, a adressé au Tribunal fédéral un recours pour déni de justice formel auquel il a annexé le courrier du 23 septembre 2024 du Juge unique du Tribunal administratif. Invoquant les articles 8, 9, 29 Cst, 6, 8, 12, 13 et 14 CEDH, ainsi que l'art. VII de l'Accord général sur le commerce des services, il se plaint de ce que son représentant, qui intervient comme mandataire professionnel, a été arbitrairement refusé par le Tribunal administratif sur la base d'une loi cantonale archaïque qui ne tient pas compte de la mondialisation de l'exercice de la profession d'avocat. Il demande au Tribunal fédéral que les actes de procédure soient adressés à son mandataire professionnel, Ange Sankieme Lusanga, et que soit clarifiée la compatibilité de la loi cantonale bernoise de procédure administrative avec le droit fédéral et international, notamment au regard de l'art. VII de l'Accord précité. Il requiert l'effet suspensif et l'assistance judiciaire.

Par ordonnance du 27 septembre 2024, le Juge unique du Tribunal administratif, ainsi que le Tribunal cantonal des mesures de contrainte et l'Office de la population, Service des migrations, ont été invités à se déterminer sur la requête d'effet suspensif jusqu'au 14 octobre 2024 et sur le recours jusqu'au 28 octobre 2024.

Par courrier du 30 septembre 2024, le Juge unique a informé le Tribunal fédéral avoir, par jugement du 25 septembre 2024, rejeté dans la mesure de sa recevabilité, le recours déposé le 4 septembre 2024 par A.________. Il conclut au rejet du recours. Par courrier du 3 octobre 2024, l'Office de la population, Service des migrations, conclut également au rejet du recours.

4. Le Tribunal fédéral examine d'office sa compétence (art. 29 al. 1 LTF) et contrôle librement la recevabilité des recours qui lui sont soumis (ATF 149 II 66 consid. 1.3; 148 I 160 consid. 1).

4.1. En vertu de l'art. 89 al. 1 LTF, a qualité pour former un recours en matière de droit public au Tribunal fédéral quiconque a pris part à la procédure devant l'autorité précédente ou a été privé de la possibilité de le faire (let. a), est particulièrement atteint par la décision attaquée (let. b) et a un intérêt digne de protection à son annulation ou à sa modification (let. c), ce qui suppose, notamment, un intérêt actuel et pratique à l'admission du recours (ATF 142 I 135 consid. 1.3.1).

4.2. En l'occurrence, le Juge unique du Tribunal administratif a, par jugement du 25 septembre 2024, rejeté dans la mesure de sa recevabilité, le recours déposé le 4 septembre 2024 par A.________ contre la décision du 30 août 2024 du Tribunal cantonal des mesures de contrainte. Il s'ensuit que le recourant n'a plus d'intérêt actuel à faire annuler le courrier du Juge unique de 23 septembre 2024 déniant à Ange Sankieme Lusanga la possibilité de le représenter durant la procédure de recours précisément close par le jugement du 25 septembre 2024.

En effet, il y a lieu de constater que le recours du 4 septembre 2024 contre la décision du 30 août 2024 a bien été déposé par le représentant du recourant et qu'il a du reste fait l'objet d'un rejet dans la mesure de sa recevabilité par jugement du 25 septembre 2024 du Juge unique, de sorte que la procédure de recours portant sur la détention administrative en vue de renvoi du recourant s'est déroulée sans préjudice pour celui-ci malgré le fait que son représentant se soit vu dénier la possibilité de l'y représenter par la décision du 23 septembre 2024 qui fait l'objet du la présente procédure. En outre, les conditions pour que le Tribunal fédéral entre exceptionnellement en matière sur le fond malgré l'absence d'intérêt pratique et actuel au recours ne sont pas réunies (ATF 142 I 135 consid. 1.3.1; 139 I 206 consid. 1.1).

L'intérêt actuel ayant disparu après le dépôt du recours, celui-ci doit être déclaré sans objet et la cause rayée du rôle, en application de l'art. 32 al. 2

LTF (cf. ATF 137 I 23 consid. 1.3.1; arrêt 2C_6/2020 du 22 janvier 2020 consid. 2.2).

5. Au vu de l'issue du litige, la requête d'effet suspensif est devenue sans objet.

5.1. Lorsqu'un procès devient sans objet ou que les parties cessent d'y avoir un intérêt juridique, le Tribunal fédéral statue sur les frais afférents à la procédure engagée par une décision sommairement motivée, en tenant compte de l'état de fait existant avant l'événement mettant fin au litige (art. 72 PCF applicable par renvoi de l'art. 71 LTF) et de l'issue probable de celui-ci (ATF 125 V 373 consid. 2a).

5.2. S'agissant de l'objet du litige, le Juge unique s'est référé à l'arrêt 1C_111/2014 du 9 octobre 2014 pour affirmer que les cantons sont libres de prévoir le monopole de l'avocat dans les procédures devant les autorités de la justice administrative et dénier au représentant du recourant le droit de le représenter en justice. Cette jurisprudence n'a toutefois pas examiné la compatibilité dudit monopole sous l'angle de l'art. 111 LTF. L'issue du litige ne peut par conséquent pas être déterminée clairement.

5.3. Dans ces circonstances, il ne sera pas perçu de frais de justice (art. 66 al. 1 LTF) ni alloué de dépens (art. 68 al. 1 LTF).

5.4. La requête d'assistance judiciaire devient sans objet dans la mesure où elle porte sur les frais judiciaires. En tant qu'elle porte également sur la désignation d'un défenseur d'office, il y a lieu de constater que le représentant du recourant n'est pas un avocat autorisé à pratiquer la représentation en justice. Il ne peut par conséquent pas être désigné défenseur d'office devant le Tribunal fédéral (arrêt 2C_655/2014 du 10 novembre 2014 consid. 4.2; ATF 125 I 161 consid. 3b). Dite requête est par conséquent rejetée.

5.5. A cet égard, il y a lieu de noter qu'en vertu de l'art. 64 al. 3 LTF et de la jurisprudence y relative, la décision mettant fin à la procédure en application de l'art. 32 al. 2 LTF et se prononçant sur l'assistance judiciaire doit être rendue à trois juges au moins (F. Aubry Girardin, Commentaire romand de la LTF, Berne 2022, n° 12 ad art. 32 LTF et les références citées).

Par ces motifs, le Tribunal fédéral ordonne :

1. La cause 2C_473/2024, devenue sans objet, est rayée du rôle.
2. Il n'est pas perçu de frais judiciaire.
3. La requête en désignation d'un défenseur d'office est rejetée.

4. La présente ordonnance est communiquée au représentant du recourant, à l'Office de la population, Service des migrations, au Tribunal cantonal des mesures de contrainte et au Juge unique du Tribunal administratif du canton de Berne, Cour des affaires de langue française.

Lausanne, le 14 novembre 2024.

Au nom de la IIe Cour de droit public du Tribunal fédéral suisse

La Présidente : F. Aubry Girardin Le Greffier:

C.-E. Dubey BGer 2C_239/2022 vom 21.03.2022.

UNIVERSITÄT BERN

Die Rechtswissenschaftliche Fakultät

verleiht

Ange Sankieme Lusanga

von Therwil, geboren am 25. Februar 1970

aufgrund der Dissertation

Esquisse sur l'émergence d'une nationalité et citoyenneté transnationale face aux concepts traditionnels - Etude des droits africain, congolais, européen et suisse

und nach Erfüllung der reglementarischen Bestimmungen den Titel

Doktor der Rechtswissenschaft
Dr. iur.

mit dem Prädikat **cum laude**

Bern, 21. August 2014

Der Rektor der Universität Bern

Der Dekan der Fakultät

REPUBLIQUE DEMOCRATIQUE DU CONGO
POUVOIR JUDICIAIRE

COUR D'APPEL DE KINSHASA/MATETE
A KINSHASA/LIMETE
GREFFE ADMINISTRATIF

SERMENT UNIQUE POUR INSCRIPTION AU TABLEAU DE L'ORDRE

L'an deux mille vingt et un, le 17ème jour du mois de Décembre ;

Devant nous, MUSEMA, DIANDA et NGELEKA, respectivement Président et Conseillers, siégeant en audience solennelle et publique de la Cour d'Appel de Kinshasa/Matete à Limete, avec le concours de KAKWA BALOMA, Officier du Ministère Public et l'assistance de NKIEMBA Prosper, Greffier du siège ;

Sur requête de Maître KAYUDI MISAMU Coco, Bâtonnier de l'Ordre du Barreau de Kinshasa/Matete ;

A comparu : Maître SANKEME LUSANGA Ange inscrit au tableau de l'ordre des Avocats du Barreau près la Cour d'Appel de Kinshasa/Matete suivant décision du Conseil de l'Ordre n° 199T/CO/BKM/2021 ;

Le Ministère Public entendu, donne son avis conforme ;

La Cour conformément à l'article 14 de l'ordonnance Loi n°79-028 de la 28/09/1979 portant l'organisation du Barreau, du corps des Défenseurs Judiciaires et du corps des Mandataires de l'Etat a invité le susnommé à prêter le serment suivant :

- ***JE JURE DE RESPECTER LA CONSTITUTION, D'OBEIR A LA LOI ;***
- ***D'EXECUTER LA DEFENSE ET LE CONSEIL AVEC DIGNITE, CONSCIENCE, INDEPENDANCE ET HUMANITE,***
- ***DE NE RIEN DIRE OU PUBLIER DE CONTRAIRE AUX LOIS, AUX DECISIONS JUDICIAIRES, AUX BONNES MŒURS, A LA SECURITE DE L'ETAT ET A LA PAIX PUBLIQUE ;***
- ***DE NE JAMAIS M'ECARTER DU RESPECT DU AUX COURS ET TRIBUNAUX, AUX MAGISTRATS, ET AUX AUTORITES PUBLIQUES ;***
- ***DE NE CONSEILLER OU DEFENDRE AUCUNE CAUSE QUE JE NE CROIRAIS JUSTE EN MON AME ET CONSCIENCE ;***

La Cour lui a donné acte de sa prestation de serment unique ;

De tout ce qui précède, il a été dressé le présent Procès-Verbal par nous, Greffier à la Cour d'Appel de Kinshasa/Matete, conformément aux prescrits des articles 14 et 29 de l'ordonnance-Loi sus indiquée.

LE GREFFIER — LES CONSEILLERS — LE PRESIDENT

1. Dianda

LE RECIPIENDAIRE

2.

2 septembre 2024
Cour d'appel de Metz
RG n° 24/00697

Rétention Administrative

Texte de la décision

Entête

RÉPUBLIQUE FRANÇAISE
AU NOM DU PEUPLE FRANÇAIS
COUR D'APPEL DE METZ
ORDONNANCE DU 02 SEPTEMBRE 2024
2ème prolongation
Nous, Pierre CASTELLI, Président de chambre, agissant sur délégation de Monsieur le premier président de la cour d'appel de Metz, assisté de Sarah PETIT, greffière ;
Dans l'affaire N° RG 24/00697 - N° Portalis DBVS-V-B7I-GHKV
ETRANGER : M. [N] [E]
Né le 05 Juillet 1985 à [Localité 1] (CONGO) de nationalité Congolaise
Actuellement en rétention administrative.
Vu la décision de M. LE PREFET DE L'AUBE prononçant le placement en rétention de l'intéressé ;
Vu l'ordonnance rendue le 04 août 2024 par le juge des libertés et de la détention du tribunal judiciaire ordonnant le maintien de l'intéressé dans les locaux ne relevant pas de l'administration pénitentiaire jusqu'au 29 août 2024 inclus ;
Vu la requête en prolongation de M. LE PREFET DE L'AUBE ;
Vu l'ordonnance rendue le 29 août 2024 à 09h31 par le juge des libertés et de la détention du tribunal judiciaire de Metz ordonnant la prolongation de la rétention dans les locaux ne relevant pas de l'administration pénitentiaire et ce pour une durée maximale de 30 jours jusqu'au 28 septembre 2024 inclus ;
Vu l'acte d'appel de Me Ange SANKIEME LUSANGA, avocat au barreau de KINSHASA, pour le compte de M. [N] [E] interjeté par courriel du 29 août 2024 à 17h10 contre l'ordonnance ayant statué sur la prolongation de la mesure de rétention administrative complété par un mémoire transmis par courriel le 30 août 2024 à 0 heure12;
Vu l'avis adressé à Monsieur le procureur général de la date et l'heure de l'audience;

A l'audience publique de ce jour, à 16 H 00, en visioconférence se sont présentés :
- M. [N] [E], appelant, assisté de Me Ange SANKIEME LUSANGA, avocat choisi absent à l'audience et de M. [M] [K] [J], interprète assermenté en langue lingala, par téléphone conformément aux dispositions de l'article 141-

3 du CESEDA, présent lors du prononcé de la décision le 2 septembre à 13 heures 40;
- M. LE PREFET DE L'AUBE, intimé, représenté par Me Dominique MEYER , avocat au barreau de Metz substituant la selarl centaure avocats du barreau de Paris, absente mais ayant adressé des conclusions par courriel du 30 août 2024 à 12h30 ;
M. [N] [E], par l'intermédiaire de l'interprète a présenté ses observations ;
M. [N] [E], par l'intermédiaire de l'interprète, a eu la parole en dernier.

A l'issue des débats, l'affaire a été mise en délibéré au 2 septembre 2024 à 13 heures 30.

Sur ce,
En vertu de l'article L 743-24 du code de l'entrée et du séjour des étrangers et du droit d'asile auquel renvoie l'article L 743-21 du même code pour la procédure d'appel, l'étranger peut demander au juge qu'il lui soit désigné un conseil d'office.
En l'espèce, en l'absence de l'avocat choisi par M. [N] [E] qui a informé le greffe qu'il se trouvait à bord d'un avion à destination de [Localité 1] et qu'il ne pouvait donc être présent, le président de l'audience a proposé à M. [N] [E] , qui y a renoncé, d'être assisté par un avocat commis d'office.

Exposé du litige

Les débats se sont donc poursuivis en la seule présence de M. [N] [E].
Dans ses écritures, le Préfet de l'Aube a conclu en premier lieu à l'irrecevabilité de l'appel au motif que Me Ange SANKIEME LUSANGA n'aurait aucune qualité pour agir et qu'il ne justifierait pas de sa qualité de mandataire.
Le moyen soulevé par le préfet de l'Aube s'analyse en réalité non pas en une fin de non-recevoir pour défaut de qualité à agir mais en une exception de nullité de l'acte d'appel pour irrégularité de fond tiré du défaut de capacité de Me Ange SANKIEME LUSANGA pour assurer la représentation en justice de M. [N] [E].
En effet, il résulte de l'article 117 du code de procédure civile que constituent des irrégularités de fond affectant la validité de l'acte le défaut de capacité ou de pouvoir d'une personne assurant la représentation d'une partie en justice.
A cet égard et conformément à l'article 4 de la loi n° 71-1130 du 31 décembre 1971, tout avocat peut assister ou représenter une partie, postuler et plaider en son nom devant les juridictions et les organismes juridictionnels ou disciplinaires de quelque nature que ce soit, sous réserve des dispositions régissant les avocats au Conseil d'État et à la Cour de cassation.
Devant les juridictions françaises, l'exercice de la profession d'avocat est réservé en principe aux personnes physiques et morales qui sont inscrites au tableau d'un barreau français.

Conformément aux articles 200 et suivants du décret n° 91-1197 du 27 novembre 1991, les avocats de l'un des états membres de l'Union européenne, d'un autre état parti à l'accord sur l'Espace économique européen ou de la Confédération suisse peuvent, néanmoins, exercer à titre occasionnel leur activité en France.

Il en est de même pour les avocats qui ne sont pas ressortissants de ces pays mais qui sont citoyens d'un Etat lié à la France par une convention internationale lorsque les conditions fixées par cette convention sont remplies.

En l'occurrence, il ressort des pièces versées aux débats que Me Ange SANKIEME LUSANGA est avocat en République démocratique du Congo et qu'il est inscrit au barreau de Kinshasa. Me Ange SANKIEME LUSANGA ne justifie pas être inscrit au tableau d'un barreau français, ni être avocat au sein d'un état membre de l'Union européenne ou partie à l'accord sur l'Espace économique européen, ni être avocat en Suisse.

Il n'apparaît pas qu'une convention ait été conclue entre la République démocratique du Congo et la France qui lui permettrait d'exercer à titre occasionnel son activité d'avocat en France. Il ne rapporte d'ailleurs pas la preuve de l'existence d'une telle convention.

Dans ces conditions, conformément à l'article 117 du code de procédure civile et dans la mesure où Me Ange SANKIEME LUSANGA n'avait pas la capacité de représenter en justice en France M. [N] [E] , il convient de prononcer la nullité de l'acte d'appel qu'il a déposé pour le compte de ce dernier, transmis par courriel le 29 août 2024 à 17 heures 10, complété par un mémoire adressé par courriel le 30 août 2024 à 0 heure12 et en conséquence il n'y a pas lieu d'examiner les moyens soulevés dans cet acte d'appel.

Dispositif

PAR CES MOTIFS

Statuant publiquement, par ordonnance réputée contradictoire, en dernier ressort,

PRONONCONS la nullité de l'acte d'appel établi par Me Ange SANKIEME LUSANGA, pour le compte de M. [N] [E], transmis à la cour par courriel le 29 août 2024 à 17 heures 10, complété par un mémoire adressé par courriel le 30 août 2024 à 0 heure12,

ORDONNONS la remise immédiate au procureur général d'une expédition de la présente ordonnance;

DISONS n'y avoir lieu à dépens.

Prononcée publiquement à Metz, le 02 septembre 2024 à 13 heures 40.

La greffière, Le président de chambre

LES AVOCATS

LA PRÉSIDENTE

Demande n°5989
ID Requérant n°4706

Paris, le 15/11/2024

Monsieur Ange SANKIEME LUSANGA

Demeurant : Binzenstrasse 20
4058 Bâle

de nationalité Suisse
Avocat inscrit au Barreau de Kinshasa-Matete, (Congo (Rép. dém.))

* *
*

La Commission de la formation professionnelle du Conseil national des barreaux ;

Vu la requête présentée le 07/11/2024 par Monsieur Ange SANKIEME LUSANGA tendant à obtenir le bénéfice des dispositions de l'article 11 de la loi n° 71-1130 du 31 décembre 1971 et de l'article 100 du décret n° 91-1197 du 27 novembre 1991, organisant la profession d'avocat ;

Vu les lois et règlements organisant la profession d'avocat et notamment l'article 21-1, 3ème alinéa de la loi n° 71-1130 du 31 décembre 1971 et l'article 39 dernier alinéa du décret du 27 novembre 1991 précité ;

Vu l'arrêté du 7 janvier 1993 fixant le programme et les modalités de l'examen de contrôle des connaissances prévu à l'article 100 du décret n° 91-1197 du 27 novembre 1991 précité ;

Vu l'arrêté du 6 décembre 2004 fixant le siège et le ressort des centres régionaux de formation professionnelle d'avocats ;

Vu les pièces produites à l'appui de ladite requête qui forment un dossier complet.

ET APRÈS EN AVOIR DÉLIBÉRÉ

LA PRÉSIDENTE Demande n°5989 ID Requérant n°4706 Paris, le 15/11/2024 Monsieur Ange SANKIEME LUSANGA Demeurant : Binzenstrasse 20 4058 Bâle de nationalité Suisse Avocat inscrit au Barreau de Kinshasa-Matete, (Congo (Rép. dém.)) * * *

La Commission de la formation professionnelle du Conseil national des barreaux ;

Vu la requête présentée le 07/11/2024 par Monsieur Ange SANKIEME LUSANGA tendant à obtenir le bénéfice des dispositions de l'article 11 de la loi n° 71-1130 du 31 décembre 1971 et de l'article 100 du décret n° 91-1197 du 27 novembre 1991, organisant la profession d'avocat ;

Vu les lois et règlements organisant la profession d'avocat et notamment l'article 21-1, 3ème alinéa de la loi n° 71-1130 du 31 décembre 1971 et l'article 39 dernier alinéa du décret du 27 novembre 1991 précité ;

Vu l'arrêté du 7 janvier 1993 fixant le programme et les modalités de l'examen de contrôle des connaissances prévu à l'article 100 du décret n° 91-1197 du 27 novembre 1991 précité ;

Vu l'arrêté du 6 décembre 2004 fixant le siège et le ressort des centres régionaux de formation professionnelle d'avocats ;

Vu les pièces produites à l'appui de ladite requête qui forment un dossier complet.

Et après en avoir délibéré

Considérant que Monsieur Ange SANKIEME LUSANGA, né le 25/02/1970 à Kinshasa (CGO), ainsi qu'il résulte de la production de la copie de son justificatif d'identité en cours de validité et, comme tel, ressortissant d'un État accordant aux Français la faculté d'exercer la profession d'avocat sous les mêmes conditions que les nationaux.

Considérant, en conséquence, que Monsieur Ange SANKIEME LUSANGA établit la condition de réciprocité requise par l'arrêté du 7 janvier 1993 fixant le programme et les modalités d'examen de contrôle des connaissances prévu par l'article 100 du décret n°91-1197 du 27 novembre 1991.

Considérant les diplômes dont Monsieur Ange SANKIEME LUSANGA justifie être titulaire.

Considérant que Monsieur Ange SANKIEME LUSANGA justifie être inscrit en qualité d'avocat au Barreau de Kinshasa-Matete (Congo (Rép. dém.), ainsi qu'il résulte de la production d'une attestation délivrée le 04/11/2024 par le Bâtonnier de l'ordre dudit barreau.

Considérant que Monsieur Ange SANKIEME LUSANGA justifie ainsi remplir toutes les conditions pour pouvoir bénéficier des dispositions du dernier alinéa de l'article 11 de la loi n° 71-1130 du 31 décembre 1971 et être autorisé, en application des dispositions de l'article 100 du décret n° 91-1197 du 27 novembre 1991 organisant la profession d'avocat, à présenter les épreuves d'un examen de contrôle des connaissances en droit français pour pouvoir s'inscrire à un Barreau français.

Considérant que Monsieur Ange SANKIEME LUSANGA, dans l'hypothèse où il serait admis à se présenter aux épreuves de l'examen de contrôle des connaissances en droit français, a choisi la matière de Droit administratif pour la deuxième épreuve écrite de rédaction d'une consultation juridique.

Considérant, d'autre part, que Monsieur Ange SANKIEME LUSANGA a formulé une demande de dispense des épreuves écrites de conclusions en matière civile et de rédaction d'une consultation juridique en droit administratif, de l'épreuve orale portant sur la procédure civile, pénale ou administrative ou sur l'organisation de la Justice française et de l'épreuve orale de déontologie et de réglementation professionnelle.

Considérant que, aux termes de l'article 100 alinéa 2 du décret du 27 novembre 1991 modifié par le décret n° 2009-199 du 18 février 2009, « le Conseil national des barreaux peut, au vu des travaux universitaires ou scientifiques du candidat, dispenser celui-ci de certaines épreuves ».

Qu'une attestation de présentation de l'examen du Certificat d'Aptitude à la Profession d'Avocat à l'EFB en 2017 faisant état du suivi de 18 mois de formation initiale à la profession à l'EFB, que des publications en droit comparé, droit européen, droit international, droit suisse et droit français, qu'un travail de thèse de Doctorat en droit, délivré par l'Université de Berne (Suisse), portant sur le sujet « Esquisse sur l'émergence d'une nationalité et citoyenneté transnationale face aux concepts traditionnels – études des droits africain, congolais, européen et suisse », qu'un travail de thèse de Doctorat en théologie, délivré par l'Université de Bâle (Suisse), portant sur le sujet « De la migration dans l'Union européenne et en Suisse.

Perspectives éthiques et juridiques basées sur la valeur de la justice », qu'une Licence en droit délivrée par l'Université de Neuchatel (Suisse), que diverses expériences professionnelles, que des attestations de recommandation délivrées par des professionnels du droit, qu'un rapport de stage au sein d'un cabinet de juristes et de théologiens (Délémont, Suisse), et qu'un rapport de stage final dans un cabinet d'avocats ne constituent pas des « travaux universitaires ou scientifiques » au sens de l'article 100 alinéa 2 du décret précité susceptibles de permettre de le dispenser de plusieurs épreuves de l'examen de contrôle des connaissances en droit français prévu par les dispositions de cet article.

Que la demande de dispense présentée par Monsieur Ange SANKIEME LUSANGA doit, dès lors, être rejetée pour les épreuves écrites de conclusions en matière civile et de rédaction d'une consultation juridique en droit administratif, et pour l'épreuve orale portant sur la procédure civile, pénale ou administrative ou sur l'organisation de la Justice française.

Considérant, en outre, que Monsieur Ange SANKIEME LUSANGA ne justifie pas avoir suivi un enseignement spécial en matière de déontologie et de réglementation professionnelle.

Qu'en tout état de cause, les règles déontologiques des avocats Congolais présentent des différences substantielles par rapport à celles des avocats Français en raison notamment de l'adoption du Règlement Intérieur National (R.I.N.) et sur des questions aussi fondamentales que les conflits d'intérêts, la confidentialité des correspondances, les garanties financières et le maniement des fonds.

Que la connaissance de ces règles déontologiques et de la réglementation professionnelle est une condition essentielle pour pouvoir exercer la profession d'avocat en France.

Considérant, en conséquence, que ce déficit ponctuel de formation justifie de soumettre Monsieur Ange SANKIEME LUSANGA à l'épreuve orale portant sur la déontologie et la règlementation professionnelle.

Qu'il appartiendra au Centre régional de formation professionnelle d'avocats, choisi par le requérant, de déterminer les modalités de cet examen, conformément aux dispositions de l'arrêté du 7 janvier 1993, étant précisé que Monsieur Ange SANKIEME LUSANGA a exprimé lors du dépôt de son dossier le choix de rédiger en Droit administratif la consultation juridique prévue à l'article 4-2° de l'arrêté susvisé.

PAR CES MOTIFS AUTORISE

Monsieur Ange SANKIEME LUSANGA à bénéficier des dispositions de l'article 11 dernier alinéa de la loi n° 71-1130 du 31 décembre 1971 modifiée et de l'article 100 du décret n° 91-1197 du 27 novembre 1991 modifié. REJETTE la demande de dispense présentée par Monsieur Ange SANKIEME LUSANGA pour les épreuves écrites de conclusions en matière civile et de rédaction d'une consultation juridique en droit administratif, pour l'épreuve orale portant sur la procédure civile, pénale ou administrative ou sur l'organisation de la Justice française et pour l'épreuve orale de déontologie et de réglementation professionnelle.

DIT que pour pouvoir s'inscrire à un Barreau français, Monsieur Ange SANKIEME LUSANGA sera soumis à un examen de contrôle des connaissances devant le jury du Centre régional de formation professionnelle d'avocats, examen dont les modalités seront déterminées par ledit Centre conformément aux dispositions de l'arrêté du 7 janvier 1993, étant précisé que la consultation juridique portera sur le Droit administratif.

DIT que la présente décision sera communiquée par lettre recommandée avec demande d'avis de réception ou par tout moyen permettant d'en assurer la réception et d'en déterminer la date dans les QUINZE JOURS de sa date, conformément à l'article 41 du décret du 27 novembre 1991 précité au Procureur Général près la Cour d'appel de Paris.

Ainsi FAIT et DÉCIDÉ par la Commission de la formation professionnelle du Conseil national des barreaux en sa séance du 14 novembre 2024. Où siégeaient Mesdames et Messieurs Paule ABOUDARAM, Sophie ANDRIEU, Pauline GIRERD, Joël GRANGÉ, Clotilde LEPETIT, Patrick LINGIBÉ, Pierre-Henri MARTERET, Georges SAUVEUR, Hélène THIRION, Sylvie SCHLANGER, Philippe INGALL MONTAGNIER. Puis ratifié par le Conseil national des barreaux en son Assemblée générale du 15 novembre 2024.

Cette décision peut être déférée à la Cour d'appel de Paris, par voie postale à l'adresse suivante : Cour d'Appel de Paris 34 Quai des Orfèvres 75055 Paris Cedex Le recours doit être effectué dans un mois à compter de la date de notification de la décision, dans les conditions prévues à l'article 16 du décret du 27 novembre 1991 : « Le recours devant la Cour d'appel est formé par lettre recommandée avec demande d'avis de réception adressée au secrétariat-greffe de la Cour d'appel ou remis contre récépissé au greffier en Chef. Il est instruit et jugé selon les règles applicables en matière contentieuse à la procédure sans représentation obligatoire. Le délai du recours est d'un mois».

ANNEXE (INFORMATIONS PRATIQUES SUR LES EXAMENS)

Votre décision d'autorisation à vous présenter à l'examen de contrôle de contrôle de connaissances prévu par l'article 100 vous est notifiée ce jour via votre espace personnel.

Cette décision est valable sans limitation de durée et pour les deux centres chargés par le CNB d'organiser cet examen. Pour votre information, l'examen est composé des épreuves suivantes : Conclusions en matière civile Rédaction d'une consultation juridique dans la matière de votre choix (choix effectué lors de la soumission de votre candidature et mentionné dans la présente décision) Oral de procédure Oral de déontologie et réglementation professionnelle Les dates limites d'inscription sont fixées plusieurs semaines avant les dates des examens. Nous vous invitons à vous rapprocher sans délai de votre centre d'examen afin de procéder à votre inscription administrative.

Les examens sont organisés par chaque centre d'examen, une fois par an, aux dates suivantes : EFB : généralement en avril (fin des inscriptions autour de fin décembre de l'année précédente) HEDAC : généralement en novembre (fin des inscriptions autour de fin août) Pour toute information complémentaire sur l'organisation des examens, nous vous invitons à vous rapprocher des centres d'examen joignables par mail aux adresses suivantes : EFB : Dave RUDHUN d.rudhun@efb.fr HEDAC : Marie Elise LEUTHNER mel@hedac.fr La Présidente du Conseil national des barreaux.

world
trade
institute

WTI, University of Bern Hallerstrasse 6
CH-3012 Bern, Switzerland
Tel: ++41 31 631 36 26
www.wti.org thomas.cottier@wti.org
Caritas Schweiz
Bern, November 12, 2018
Empfehlung für Dr. Ange SANKIEME LUSANGA
Sehr geehrte Damen und Herren:

Dr. Lusanga hat mich um eine Empfehlung gebeten zur Unterstützung seiner Bewerbung in der Asylarbeit Ihrer Organisation. Ich komme dem sehr gerne nach.

Ich habe Dr. Lusanga bei der Fertigstellung und Promotion seiner Dissertation an der rechtswissenschaftlichen Fakultät Bern zum Thema und Titel *Esquisse sur l'émergence d'une nationalité et citoyenneté transnationale face aux concepts traditionnels*" begleitet und betreut. Die Arbeit befasst sich eingehend mit der Frage, inwieweit das europäische Konzept der Unionsbürgerschaft auch in Afrika friedensstiftend Anwendung finden könnte. Die Arbeit hat auch stark von seiner Ausbildung in Theologie und seiner eigenen Biographie profitiert.

In dieser Begleitung habe ich ihn als Persönlichkeit schätzen gelernt und auch viel über seine selbstlose Asylarbeit im Kanton Jura gelernt. Sein Engagement war beeindruckend und seine Bereitschaft, andern in Schwierigkeiten beizustehen. Ich gehe davon aus, dass er mit den Rechtsfragen des Asylrechts der Schweiz sehr vertraut ist und dank seiner grossen praktischen Erfahrung rasch einsatzfähig ist, namentlich in der Betreuung von Asylanten und Asylantinnen aus dem frankophonen Afrika.

Meine Empfehlung basiert auf der Begegnung mit ihm, der Ausarbeit seiner Dissertation und seiner Persönlichkeit, die ich Ihnen gerne empfehlen möchte. Ich bin überzeugt, dass er bei der Lösung ihrer Aufgaben im Asylbereich sehr gute Dienste wird leisten können und hoffe, dass Sie seine Bewerbung berücksichtigen können.

Ich stehe Ihnen gerne für weitere Auskünfte zur Verfügung (079 290 40 53). Mit besten Grüssen

World Trade Institute

b
UNIVERSITÄT
BERN

Thomas Cottier, Prof em Dr iur LL.M

Brigitte Lembwadio Kanyama
avocate au barreau

Nora Salmi
Avocate-stagiaire

Aurore Cordova
Secrétaire-comptable

75, rue Jardinière
Case postale 959
2301 La Chaux-de-Fonds

A QUI DE DROIT

Je soussignée Brigitte Lembwadio Kanyama, avocate au Barreau de Neuchâtel, Genève et Berne (Suisse) depuis 2002, atteste par la présente connaître et recommander M Ange SANKIEME LUSANGA, né le 25 février 1970, domicilié à Binzenstrasse 20, à 4058 Bâle /Suisse.

Juriste, Docteur en droit constitutionnel, M. SANKIEME LUSANGA est souvent consulté par mon cabinet pour des questions relatives au droit public, droit administratif et droit des migrations. J'ai pu ainsi juger des compétences et qualités de M SANKIEME LUSANGA et c'est ainsi sans réserve que je peux témoigner de lui et affirmer qu'il est digne à exercer la profession d'avocat.

Ainsi fait à La Chaux-de-Fonds, le 12 octobre 2017

Brigitte Lembwadio Kanyama, avte

Tél : +41 (0)32 913 51 15
Fax : +41 (0)32 913 51 16
blembwadio@bluewin.ch

Consultation possible à Neuchâtel et Chez-le-Bart

IBAN CH79 0900 0000 1722 9060 9
BIC POFICHBEXXX
N° TVA CHE-114.594.150

FACULTÉ DE DROIT
Département de droit civil

UNIVERSITÉ
DE GENÈVE

Ligne directe: 022 379 8 Michelle Cottier
Michelle.Cottier@unige.ch Professeure ordinaire

Attestation de moralité

Je soussignée Michelle COTTIER, professeure ordinaire à la Faculté de Droit de l'Université de Genève, docteure en droit depuis 2005, juge suppléante à la Cour d'appel du canton de Bâle-Ville de 2008 à 2015, atteste par la présente connaître et recommander Monsieur Ange SANKIEME LUSANGA, docteur en droit, né le 25 février 1970, demeurant à Binzenstrasse 20, 4058 Bâle en Suisse.

Je connais Monsieur Ange SANKIEME LUSANGA depuis l'an 1998 et j'ai eu de multiples échanges avec lui en matière notamment de la protection des droits humains des personnes migrantes, dans le cadre desquels il a fait preuve de ses hauts principes d'éthique professionnelle. C'est donc sans réserve que je le recommande pour l'exercice de la profession d'avocat.

Fait à Genève, le 14 octobre 2017

M che e Cott er, professeure ord na re

Uni Mail - bd du Pont d'Arve 40 - CH-1211 Genève 4
Tél. 022 379 84 42 - www.unige.ch/droit

COUR NATIONALE
DU DROIT D'ASILE

Montreuil, le 12 février 2018

Par la présente, j'atteste, DEPOULON François, chef du service d'accueil des parties et des avocats de la Cour nationale du droit d'asile (CNDA), que Monsieur Ange Sankieme Lusanga, juriste au sein de l'association « Juriste et théologiens Mobiles Migrations et développement », est intervenu à plusieurs reprises depuis 2007 devant la CNDA pour conseiller des requérants dans l'écriture de leur recours et la préparation à l'audition en audience, mais son nom ne peut figurer dans les décisions de la cour puisque seuls peuvent y figurer des avocats rattachés à un barreau.

Pour faire valoir ce que de droit.

DEPOULON François
Chef du service d'accueil des
parties et des avocats
CNDA

l'accueil des parties et des avocats
35, Rue Cuvier - 93100 MONTREUIL

Objet: Fwd: Fw: Aw: accès dérogatoire
Date: dimanche 11 mars 2018 à 21:02:51 heure normale d'Europe centrale
De: nomagusa@bluewin.ch
À: Matthieu BOISSAVY
Pièces jointes: ATT0, ATT1

Cher Maître,

Je soussignée Nöemi GUTZWILLER, trésorière de l'association Juristes et Théologiens Mobiles-Migrations et Développement (JeTM-MeD), atteste par la présente que Monsieur Ange SANKIEME LUSANGA travail en qualité de juristes salarié au sein de notre association depuis 2007.

De 2007 à 2016, il a eu en charge 149 dossiers dont il a assuré la recherche et la redaction des actes en toute autonomie intellectuelle. Dans le cadre du suivi des dossiers, il a toujours été en contact direct avec les clients, la Préfecture de Haut-Rhin, l'OFPRA, la CNDA, les Tribinaux Administratifs de Nancy, de Nantes et de Strasbourg, en ce qui concerne la procédure d'asile, de naturalisation et régularisation de titre de séjour. Il a également été en contact avec les Tribinaux d'Instances de Colmar et de Mulhouse, de Grandes Instances de Colmar, de Metz, de Mulhouse et de Nancy, ainsi que les Cours d'appels de Metz et de Nancy, en ce qui concerne de déclaration de nationalité et la retention administrative.

Devant les Tribunaux de grandes Instances et les Cours d'Appels où l'avocat est obligatoire, Monsieur Ange SANKIEME LUSANGA a effectivement collaboré avec les cabinets d'avocats Cyfermann à Nancy, Roussel à Colmar et Yasin à Mulhouse.

Depuis 2018, Monsieur Ange SANKIEME LUSANGA a repris ses activités de juriste au sein notre association. Il est chargé d'étudier et résoudre les questions juridiques propres de JetM-MeD.

Il est important de savoir que l'exercice de l'activité de juriste au sein de notre association peut être assimilé à l'exercice d'une activité de juriste au sein d'une entreprise.

En effet, JeTM-MeD exerce une activité où sont réunis des moyens matériels, financiers et humains dont l'objet est de réaliser et développer une activité de prestation de service. ainsi, notre association correspond à la définition d'une entreprise exerçant dans un secteur non concurrentiel qui n'a pas pour objet premier de réaliser des profits en développant sa position sur un marché mais de promouvoir tous types d'actions en faveur migrants et demandeurs d'asile, en menant des actions auprès des pouvoirs publics et des milieux associatifs et en procurant des moyens permettant de réaliser des actions d'intégration des étrangers en France.

Notre association soutien la requête de Monsieur Ange SANKIEME LUSANGA devant votre Conseil de l'ordre.

Veuillez croire, cher Maître, à mes sentiments cordiaux et respectueux

Nöemi Gutzwiller

--
Click here to blacklist sender

ORDRE DES AVOCATS
Barreau de Kinshasa/Matete
Le Bâtonnier

N/Réf. : BKM/BFF/TH/161 /2024

Concerne : **ATTESTATION D'AVOCAT**

Je soussigné, maitre MUTSHEMBE WEMBO Emile, Bâtonnier de l'Ordre des Avocats près la cour d'Appel de Kinshasa/ Matete ;

Atteste par la présente que Maître **SANKIEME LUSANGA** Ange est Avocat audit Barreau depuis 17 décembre 2021 et exerce cette profession jusqu'à ce jour ;

La présente lui est délivrée pour faire valoir ce que de droit.

Ainsi fait à Kinshasa, le 4 novembre 2024

Pour le Bâtonnier de l'Ordre empêché,

Maitre MUNKINDJI KABUNDJI Tharcisse

Doyen du Conseil de l'Ordre.-

RÉPUBLIQUE DÉMOCRATIQUE DU CONGO
BARREAU DE KINSHASA / MATETE
ORDRE DES AVOCATS

Siège du Barreau : Concession Cour d'Appel de Kinshasa/Matete, 4ème Rue, Quartier Résidentiel, Kinshasa/Limete (RDC)
E-mail : barreaukinshasamatete1@yahoo.fr ; conseildel'ordre@barreaukm.org : Site : www.barreaukm.com
N° compte bancaire : FBNBANK 84001-23032270501-18 ; caisse de solidarité. : 00112040003902
RAW-BANK 01014591101-46; EQUITY BANK 00018000230001620120086
Bâtonnier : (+243) 998163137-0813250090;
Secrétariat (+243) 850115310-(+243) 840986220 ;
BP. 16330 Kin I.

ciep
Enic-Naric

ATTESTATION DE COMPARABILITÉ
POUR UN DIPLÔME OBTENU À L'ÉTRANGER

Liberté • Égalité • Fraternité
RÉPUBLIQUE FRANÇAISE

Sèvres, le 17/12/2015

Référence dossier : 274860

M. SANKIEME LUSANGA Ange

Document(s) évalué(s) :

Intitulé :	Doktor der Rechtswissenschaft Dr.iur
Spécialité :	droit
Établissement :	Universität Bern
Date d'obtention :	21/08/2014
Pays d'obtention :	SUISSE
Durée officielle :	sanctionne la fin des études doctorales après l'obtention d'un premier diplôme sanctionnant au minimum quatre années ou demie d'études supérieures dans le système éducatif suisse
Débouchés :	accès à la carrière académique ou à la recherche dans le secteur public ou privé
Accord bilatéral :	accord-cadre franco-suisse du 10 septembre 2008

Résultat de l'expertise*

Nomenclature française des niveaux de formation	Cadre européen des certifications (CEC)
I	8

Remarques :
Pour information, les études doctorales, pour lesquelles il n'existe pas de durée réglementaire en Suisse, durent généralement de trois à cinq années et consistent en la rédaction et la soutenance orale d'une thèse.

Cette attestation ne constitue pas une autorisation d'exercer une profession réglementée en France.

Le Directeur

Daniel ASSOULINE

Cette comparabilité est établie sur la base d'une évaluation effectuée par un expert du centre ENIC-NARIC France en charge de la reconnaissance des diplômes étrangers en France. Elle vise à aider le détenteur du diplôme étranger dans ses démarches auprès des administrations françaises. Elle vise également à aider les établissements d'enseignement et les employeurs (dans le cas des professions non réglementées) à apprécier les diplômes étrangers qui leur sont soumis. Appréciation qui relève en dernier ressort de leur responsabilité. Cette procédure d'évaluation n'inclut pas une authentification systématique des diplômes étrangers présentés par le titulaire. Voir explications dans le [illegible].

enic-naric.

Centre d'information sur la reconnaissance des diplômes
European Network of Information Centres (ENIC) - National Academic Recognition Information Centres (NARIC)
Centre international d'études pédagogiques - Établissement public national à caractère administratif
[illegible] ministère de l'Éducation nationale [illegible]
1, avenue Léon Journault - 92318 Sèvres cedex - France

Union Internationale des Avocats
International Association of Lawyers
Unión Internacional de Abogados

« Rassembler les avocats du monde • Bringing Together the World's Lawyers • Reunir a los abogados del mundo »

Paris, le 28 août 2024

ATTESTATION DE MEMBRE 2024

Par la présente, l'UIA (Union Internationale des Avocats), 23 rue de la Victoire – 75009 Paris, France, certifie que :

Me SANKIEME LUSANGA Ange
KINSHASA – CONGO (REP. DEM. DU)

Est membre à titre individuel de l'association.

Pour servir et valoir ce que de droit.

UIA
UNION INTERNATIONALE DES AVOCATS
23 rue de la Victoire
75009 Paris - France

Association loi 1901 n° W751207624
SIRET : 539 739 490 000 37
TVA n° FR04 539 739 490
Tél. : +33 1 44 88 55 66
uiacentre@uianet.org

UNION INTERNATIONALE DES AVOCATS

UIA – 23 rue de la Victoire – 75009 Paris (France), Association Loi 1901 n° W751207624
Tél. : +33 1 44 88 55 66 / Fax : +33 1 44 88 55 77 / E-mail : uiacentre@uianet.org / Web : www.uianet.org

LES AVOCATS

LA PRÉSIDENTE

Demande n°5989
ID Requérant n°4706

Paris, le 15/11/2024

Monsieur Ange SANKIEME LUSANGA

Demeurant : Binzenstrasse 20
4058 Bâle

de nationalité Suisse
Avocat inscrit au Barreau de Kinshasa-Matete, (Congo (Rép. dém.))

* *
*

La Commission de la formation professionnelle du Conseil national des barreaux ;

Vu la requête présentée le 07/11/2024 par Monsieur Ange SANKIEME LUSANGA tendant à obtenir le bénéfice des dispositions de l'article 11 de la loi n° 71-1130 du 31 décembre 1971 et de l'article 100 du décret n° 91-1197 du 27 novembre 1991, organisant la profession d'avocat ;

Vu les lois et règlements organisant la profession d'avocat et notamment l'article 21-1, 3ème alinéa de la loi n° 71-1130 du 31 décembre 1971 et l'article 39 dernier alinéa du décret du 27 novembre 1991 précité ;

Vu l'arrêté du 7 janvier 1993 fixant le programme et les modalités de l'examen de contrôle des connaissances prévu à l'article 100 du décret n° 91-1197 du 27 novembre 1991 précité ;

Vu l'arrêté du 6 décembre 2004 fixant le siège et le ressort des centres régionaux de formation professionnelle d'avocats ;

Vu les pièces produites à l'appui de ladite requête qui forment un dossier complet.

ET APRÈS EN AVOIR DÉLIBÉRÉ

QUE CELA SOIT BON, FAVORABLE, HEUREUX ET BÉNI
PAR LES PRIVILÈGES OFFERTS À L'UNIVERSITÉ DE BÂLE
PAR L'AUTORITÉ ET SOUS LES AUSPICES DU
SÉNAT ET DU PEUPLE DE BÂLE

PAR LE RECTEUR VÉNÉRABLE DE L'UNIVERSITÉ
ANTONIO LOPRIENO
DOCTEUR DE PHILOSOPHIE
PROFESSEUR ORDINAIRE D'EGYPTOLOGIE

PAR LE DÉCRET
DE LA PLUS VÉNÉRANTE FACULTÉ DE THÉOLOGIE

MOI
ALFRED BODENHEIMER
DOCTEUR DE PHILOSOPHIE
PROFESSEUR ORDINAIRE DES ÉTUDES JUIVES '
DOYEN DE LA FACULTÉ DE THÉOLOGIE À L'ÉPOQUE

NOMME JUSTEMENT
L'HOMME EXCELLENT

ANGE S A N K I E A A E L U S A N GA

DE BÂLE
QUI A ÉCRIT UNE THÈSE PRÉCISE ET EXQUISE
DONT LE TITRE EST
„De la migration dans l'Union Européenne et en Suisse. Perspectives éthiques et juridiques
basées sur la valeur de la justice"

ET QUI A TERMINÉ L'EXAMEN "RIGOROSUM" AVEC LA NOTE FINALE DE "RITE"

DOCTEUR DE LA THEOLOGIE

ET LUI CONCÈDE TOUT LES DROITS, HONNEURS ET PRIVILÈGES

QUI SONT LIÉS AV EC CE DEGRÉ

COMME TÉMOIGNAGE DE C E FAIT

J'A I SIGNÉ CETTE LETTRE

CORROBORÉ A V E C LE CACHET DE LA FACULTÉ DE LA THEOLOGIE

AVEC MA PROPRE MAIN

LE 12 DÉCEMBRE, 2011

THEOLOGISCHE

FAKULTÂT r r o r c n

UNIVERSITÀT^tr

BASELTHEOL

VLTASVNP

VLTASVNP

BASELTHEOL

TRADUCTION DU DOCUMENT ORIGINAL

U N I V E R S I T Â T B E RN

Die Rechtswissenschaftliche Fakultât

verleiht

Ange Sankieme Lusanga

von Therwil, geboren am 25. Februar 1970

aufgrund der Dissertation

E s q u i s s e sur l'émergence d'une nationalité et citoyenneté transnationale face aux

Concepts traditionnels - Etude des droits africain, congolais, européen et suisse

und nach Erfullung der reglementarischen Bestimmungen den Titel

Doktor der Rec htswissenschaft

Dr. iur.

mit dem Pràdikat cum laude

Bern, 21. August 2014

Der Rektor der Universitàt Bern

Der Dekan der Fakultât

Traduction
officielle

Université de Berne

La Faculté de droit

décerne à

Ange Sankieme Lusanga

de Therwil, né le 25 février 1970

sur la base de la soutenance de thèse :

Esquisse sur l'émergence d'une nationalité et citoyenneté transnationale face aux concepts traditionnels - Etudes des droits africain, congolais, européen et suisse et après avoir satisfait aux exigences réglementaires, le titre de

Docteur en droit Dr. iur.

Avec mention cum laude

A Berne, le 21 août 2014

[signature manuscrite]

Le recteur de l'Université de Berne

[signature manuscrite]

Le doyen de la faculté

Je soussigné. René Chauvin. Traducteur Expert près la Cour d'appel de Nîmes, certifie que cette traduction en langue Française est conforme à l'original en langue allemande, visé ne varietur sous le n° 9696/2021.
Pour et avec la collaboration de ['«Agence 001 Traduction», le 07/05/2021.

Theologische Fakultât

der Universitât Basel

Bescheinigung ûber das bestandene

DOKTOREXAMEN

Herr Ange S A N K I E M E L U S A N GA

geboren am 25. Februar 1970

von Basel BS

hat an derTheologischen Fakultât der Universitât Basel

das Doktorexamen bestanden und ist mit dem Prâdikat

rite

zum Doktor der Théologie promoviert worden.

Dissertation: „De la migration dans l'union européenne et suisse. Perspectives

Ethipues et Juridipues basées sur la Valeur de la Justice"

Réfèrent: Prof. Dr. Christoph StOckelberger, Zurich

Koreferent: Prof. Dr. Georg Pfleiderer, Basel

Bewertung der Dissertation: *rite*

Hauptfach Systematische Theologie/Ethik

Prâdikat: *magna cum laude*

Nebenfach Neues Testament

Prâdikat: cum *laude*

Nebenfach Kirchengeschichte

Prâdikat: cum *laude*

Die Promotion wird erst d u r c h die Ausstellung d e s Doktordiploms und die Publikation

im Kantonsblatt Basel-Stadt r e c h t s k r â f t i g . Das Diplom wird nach Ablieferung der

P f l i c h t e x e m p l a r e der Dissertation ausgestellt. Vorher darf der Doktortitel nur in der

---

Dekanat: Nadelberg 10, CH-4051 Basel, Tel. ++41 61 267 29 00

Attestation

Je soussignée Isabelle DECALX, Responsable du Service Scolarité de l'Ecole de Formation

Professionnelle des Barreaux de la Cour d'Appel de Paris (EFB), certifie que

Était inscrit en qualité d'élève-avocat à l'EFB dans la promotion ANA PALACIO - GUIDO

- RAIMONDI (20L6-2017).

La formation avait débuté le 5 janvier 2016 et s'est achevée le 30 juin 2017. Les épreuves de

L'Examen du Certificat d'Aptitude à la Profession d'Avocat (C.A.P.A.) se sont tenues sur les périodes suivantes :

- Juillet 2017

- De septembre à mi-octobre 2017

Monsieur SANKIEME LUSANGA Ange

Né le 25/02/1970

Fait à Issy-les-Moulineaux, le 27 novembre 2017.

Isabelle DECALX

Responsable du Service Scolarité

Attestation

Je soussignée Isabelle DECALX, Responsable du Service Scolarité de l'Ecole de Formation

Professionnelle des Barreaux de la Cour d'Appel de Paris (EFB), certifie que

Monsieur SANKIEME LUSANGA Ange

Né le 25/02/1970

Était inscrit en qualité d'élève-avocat à l'EFB dans la promotion ANA PALACIO - GUIDO

RAIMONDI (20L6-2017).

La formation avait débuté le 5 janvier 2016 et s'est achevée le 30 juin 2017. Les épreuves de

l'Examen du Certificat d'Aptitude à la Profession d'Avocat (C.A.P.A.) se sont tenues sur les périodes suivantes :

- Juillet 2017
- De septembre à mi-octobre 2017

Fait à Issy-les-Moulineaux, le 27 novembre 2017.

Isabelle DECALX

Responsable du Service Scolarité

Suggestions

Dans cet ouvrage et en guise de conclusion, nous allons préconiser les suggestions et observations ayant trait aux questions relatives à la problématique : « *Profession d'avocat : mode d'accès sans discrimination et non-respect du principe de la réciprocité (France, Suisse et République Démocratique du Congo)* », et qui sont d'une réelle importance.

L'intérêt reconnu à ce travail demeure ou reste certainement scientifique et pratique. Ainsi et pour se faire, la législation française s'appliquant sur l'organisation du barreau...se veut identique sur terrain avec l'ordonnance-loi n°79-028 du 28 Septembre 1979 et ce, différemment de la Suisse. Mais dans la pratique, en France tout comme en République Démocratique du Congo, l'on considère la qualité d'avocat reconnue à Mr Ange SANKIEME LUSANGA avec l'adjonction « Me ». Par contre, en Suisse, l'on ne le reconnait pas comme « Me Ange SANKIEME et pense qu'on l'appellerait: Mr Ange SANKIEME LUSANGA; par la simple mauvaise raison que ce dernier, n'ayant pas droit de défendre les clients sur leur espace territorial soumis à Suisse.

Dans ce sens, l'idée de faire face à la discrimination et promouvoir le racisme sur leur sol est certes évident et bien au contraire, ce sont les ressortissants congolais et d'autres Etats en sont victimes. De ce point de vue, il sied de rappeler que la charte internationale des droits de la défense a sa raison d'être et ce, jusqu'au point d'en respect les contenus issus des dispositions pertinentes de cet instrument juridique international. L'article 17 de cette même charte stipule que: « Quand une personne impliquée dans un différend désire la participation d'un avocat d'un pays étranger, l'administration de la justice et le barreau doivent coopérer pour aider l'avocat étranger à obtenir le droit à exercer devant les juridictions nationales ».

Table des matières

Structures éditoriales du groupe L'Harmattan

L'Harmattan Italie
Via degli Artisti, 15
10124 Torino
harmattan.italia@gmail.com

L'Harmattan Hongrie
Kossuth l. u. 14-16.
1053 Budapest
harmattan@harmattan.hu

L'Harmattan Sénégal
10 VDN SICAP AMITIE 3
BP 45034 Dakar-Fann
direction@senharmattan.com

L'Harmattan Cameroun
Tsinga/Derrière polyclinique FECAFOOT
BP 11486 Yaoundé
Jacques.koukam@harmattan.fr

L'Harmattan Burkina Faso
Villa 281, secteur 23 623, rue 14.32
Ouagadougou
zagbie@outlook.fr

L'Harmattan Guinée
Almamya, rue KA 028 OKB Agency
BP 3470 Conakry
harmattanguinee@yahoo.fr

L'Harmattan RDC
185, avenue Nyangwe
Commune de Lingwala – Kinshasa
matangilamusadila@yahoo.fr

L'Harmattan Congo
219, avenue Nelson Mandela
BP 2874 Brazzaville
deunovmikhael@gmail.com

L'Harmattan Mali
Immeuble Mgr Jean Marie Cissé
Aci Hamadallaye
BP 145 Bamako
syllaka@yahoo.fr

L'Harmattan Togo
Djidjole – Maison Amela
face EPP BATOME
02 BP 20680 Lomé
didieramela11@gmail.com

L'Harmattan Côte d'Ivoire
Résidence Karl – Cité des Arts
Abidjan-Cocody
03 BP 1588 Abidjan
harmattan.ivoire@gmail.com

L'Harmattan Bénin
Rue 604, (Immeuble à l'entrée
de la rue UCAO- Cite de Saint-Jean)
Cotonou
stepcorpus@gmail.com

Nos librairies en France

Librairie internationale
16, rue des Écoles
75005 Paris
librairie.internationale@harmattan.fr
01 40 46 79 11
www.librairieharmattan.com

Librairie des savoirs
21, rue des Écoles
75005 Paris
librairie.sh@harmattan.fr
01 46 34 13 71
www.librairieharmattansh.com

www.ingramcontent.com/pod-product-compliance
Lightning Source LLC
LaVergne TN
LVHW010941061026
849535LV00007B/2509
* 9 7 8 2 3 3 6 5 5 8 7 8 3 *